护育桃李 两代赤诚

太仓博物馆藏

唐文治俞庆棠文物集

太仓博物馆 编

上海书画出版社

前言

唐文治（1865—1954），字颖侯，号蔚芝，晚号茹经，江苏太仓人。著名教育家、经学家。光绪十八年（1892）进士，官至农工商部署理尚书。曾两次出国，考察日、英、法、美诸国。1907年任邮传部上海高等实业学堂（辛亥革命后改称南洋大学堂，为上海交通大学前身）监督，掌校近十四年，其间整顿校务，创设电机、铁路、航海等科，奠定了上海交通大学发展为我国著名理工科大学的基础。1920年，唐文治创办无锡国学专修馆（后改称国学专修学校），培养了大批专研中国传统文史哲之学的杰出人才。著有《茹经堂文集》《十三经提纲》《国文经纬贯通大义》《茹经先生自订年谱》等。

俞庆棠（1897—1949），女，字凤岐，原籍江苏太仓，生于上海，唐文治长媳。著名教育家。早年赴美国哥伦比亚大学教育学院深造。归国后，先后在大夏大学、中央大学、江苏省立教育学院等校执教，后任上海市教育局社会教育处处长，上海市立实验民众学校校长等职。1947年任联合国教科文组织中国委员会委员。中华人民共和国成立后，任教育部社会教育司司长，亲自主持草拟1950年全国社会教育计划，因劳累过度在教育部宿舍突发脑溢血逝世。俞庆棠一生致力于以教育唤起民众，大力推行民众教育，创办民众学校，被誉为“民众教育的保姆”。著有《民众教育》《农村生活丛谈》，参与杜威《思维与教学》的翻译工作等。

唐文治、俞庆棠两位先生是太仓近代乡贤。1986年，为弘扬两位先生为国育才、爱国爱乡的光辉业绩和崇高品德，太仓人民政府特在太仓博物馆内设立唐文治纪念室、俞庆棠纪念室，并于1987年1月1日与太仓博物馆一同开馆。开馆当天，举行了盛大的揭幕仪式，次日又召开“唐文治先生学术思想讨论年会”，应邀参加活动的有来自北京、上海、南京、无锡、苏州等地的文化教育界人士以及两位先生的亲友、学生等共计一百四十余人。

唐文治纪念室和俞庆棠纪念室在筹备过程中，得到了两位先生的亲朋故旧及学生们的大力支持，他们无私地将自己保存多年的有关实物、资料、图片等慷慨捐赠给太仓博物馆。同时，博物馆还征集到许多知名人士、书画名家为纪念两位先生所作的题词和书画墨宝数十件，它们同样也成为了博物馆的珍贵馆藏。

2022年是太仓博物馆成立三十五周年，以此为契机，编者对馆藏两位先生相关文物进行全面整理，包括1986年建馆时收集的首批文物及历年陆续征集到的相关文物，以实物为基础汇总编排，分为唐文治篇、俞庆棠篇，唐文治篇分为遗物、著作、碑刻、书画四大类。俞庆棠篇分为遗物、著作、书画三大类。遗物以两位先生生前所用物品为主，包括唐文治的书籍、信函、聘书、手杖、印章、眼镜等，以及俞庆棠的书籍、手稿、瓷器、文件等；著作以两位先生著作的初印本为主；碑刻以唐文治为太仓当地史事、人物撰写的碑刻原物为主；书画以1986年两位先生的学生、友朋以及各界名人所作纪念书画为主。在整理过程中，我们对每件文物的内容、性质进行分析查考并撰写说明，以图文并茂的方式结集出版，完整公布。

希望本书的出版能对研究并弘扬唐文治、俞庆棠两位先生的生平、思想有所助益。

编者谨识

2022年3月15日

目 录

唐文治篇

遗 物

著 作

碑　刻

书　画

俞庆棠篇

遗　物

著　作

书　画

附　录

唐文治

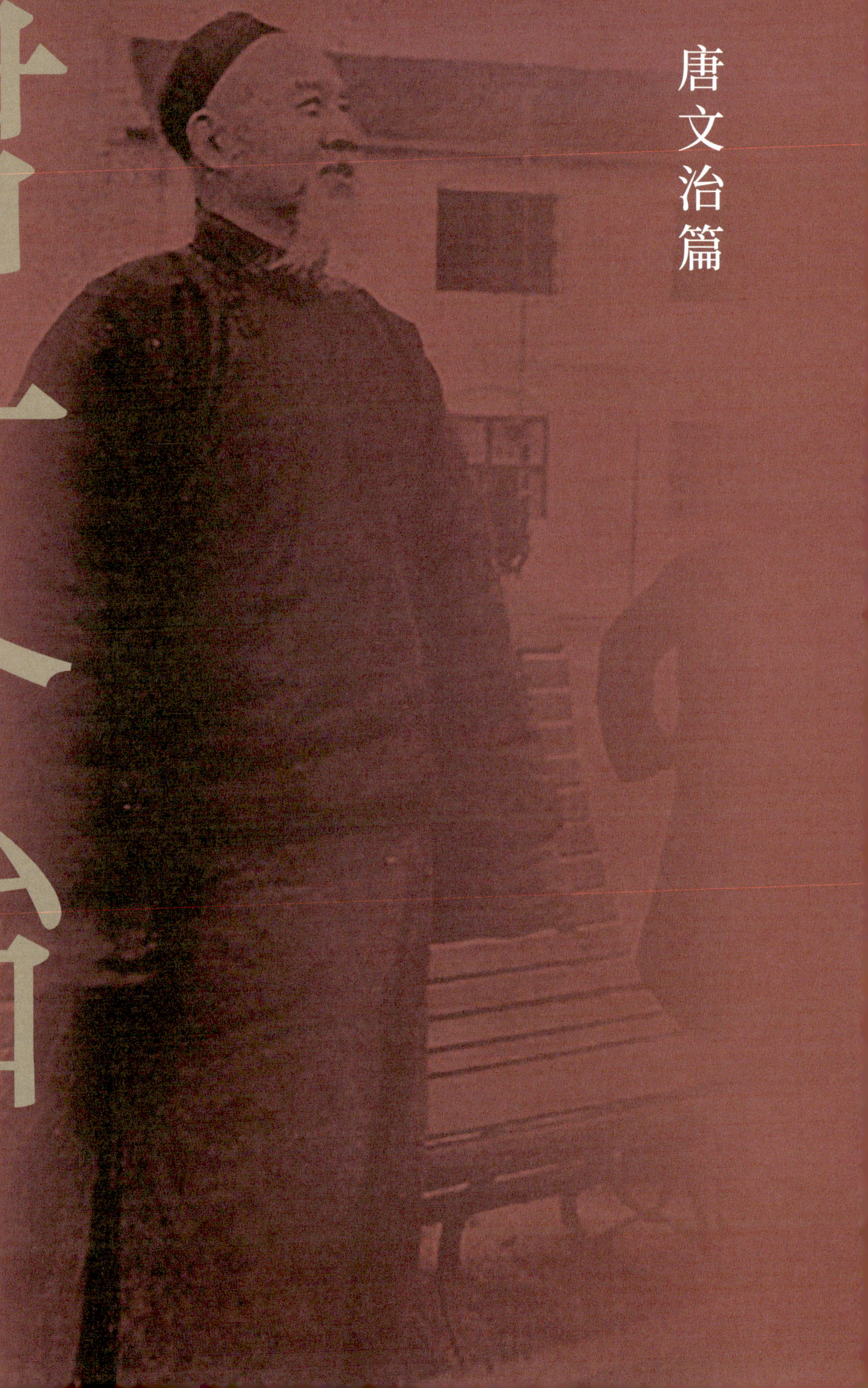

唐文治篇

遗　物

收录太仓博物馆馆藏唐文治遗物11种，其中唐文治过录袁昶批点《经史百家杂钞》，内有唐文治亲笔题记及大量圈点、批语，是反映唐文治学术思想及其与绍英、袁昶等清末文人交游的实物资料，具有较高的文献价值；无锡国学专修学校校友会赠唐文治“天寿平格”红木手杖，是见诸民国文献记载的唐文治所获贺礼，颇具纪念意义；唐文治致曹元弼信封及曹元弼致唐文治、曹道衡信稿，此前未见刊布，是对唐文治、曹元弼这两位学术大家晚年交往史料的补充；唐文治自用“茹经”铭、“唐文治印”铭石章，均由唐文治之孙唐孝宣捐赠，是可靠的唐文治所用印信。

1

唐文治过录袁昶批点《经史百家杂钞》

每册长25.5厘米，宽15.8厘米
本馆旧藏

全二十一册。曾国藩纂，李鸿章校刊，清光绪二年（1876）传忠书局刊本。此书是晚清时期著名的古文选读本，“上自隆古，下迄清代，尽抡四部精要”。

第一册封面有唐文治亲笔墨书书名“经史百家杂钞”，下有“越千叔赠，文治读本”字样，每册均在封面墨书类别，如“书牍类”“传志类”“论著类”“诏令类”“序跋类”等等，每册正文内有大量墨书批注及朱笔圈点。《经史百家杂钞序例》首页右下角钤“行吾素斋藏书”朱文印、“茹经读过”白文印；《经史百家杂钞卷一》首页右下角钤“文治印”朱文印。第一册封里有唐文治墨书长题：

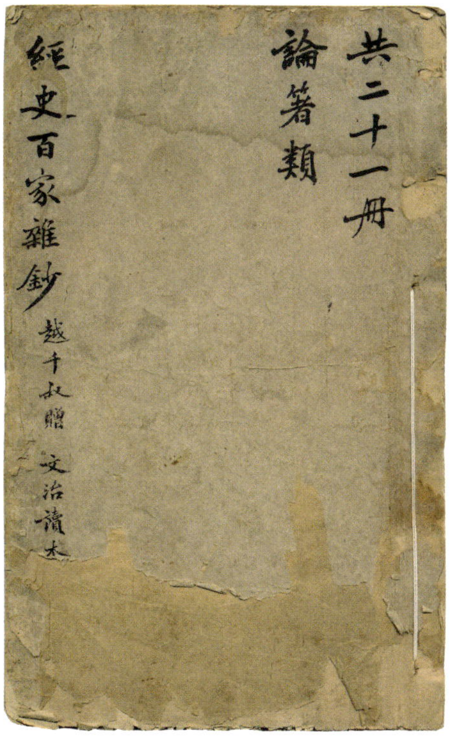

1

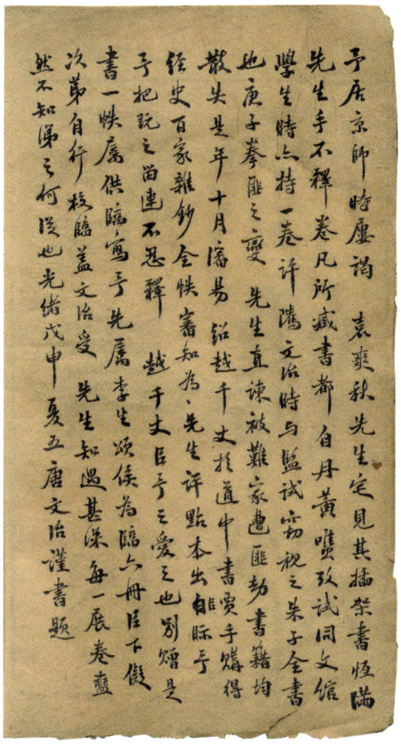
予居京師時屢謁　袁爽秋先生宅見其插架書恆滿
先生手不釋卷凡所藏書都自丹黃雖攷試同文館
學生時亦持一卷評騭文治時與監試竊視之朱子全書
也庚子拳匪之變　先生直諫被難家遭匪劫書籍均
散失是年十月瀋陽紹越千丈於道中書賈手購得
經史百家雜鈔全帙審知為　先生評點本出以眎予
予把玩之留連不忍釋　越千丈以予之愛之也別贈是
書一帙屬供臨寫予先屬李生頌侯為臨六冊以下擬
次第自行校臨蓋文治受　先生知遇甚深每一展卷盭
然不知涕之何從也光緒戊申夏五唐文治謹書題

2

1. 封面
2. 第一册封里

予居京师时，屡谒袁爽秋先生宅，见其插架书恒满。先生手不释卷，凡所藏书都自丹黄，虽考试同文馆学生时，亦持一卷评骘，文治时与监试，窃视之，《朱子全书》也。庚子拳匪之变，先生直谏被难，家遭匪劫，书籍均散失。是年十月，沈阳绍越千丈于道中书贾手，购得《经史百家杂钞》全帙，审知为先生评点本，出以视予，予把玩之，留连不忍释。越千丈以予之爱之也，别赠是书一帙，属供临写，予先属李生颂侯为临六册，以下拟次第自行校临，盖文治受先生知遇甚深，每一展卷盭（音细，指悲伤痛苦）然不知涕之何从也。光绪戊申夏五，唐文治谨书题。

第二至六册封里，均有唐文治墨书某某册“圈点颂侯代临”，第六册封里又附注“以下均系文治自临”，印证了墨书题记中第一至六册所临圈点、评语出自“李生颂侯”之手，而第七至二十一册所临圈点、评语则为唐文治亲笔。值得注意的是，在唐文治亲笔所临的评语旁，偶可见其所作案语，如第十二册《答韦珩示韩愈相推以文墨事书》及《李翱答独孤舍人书》两文相邻页之天头，即有“文治案”。

综上可知，庚子（1900）国变后，绍越千购得了袁爽秋评点过的一套《经史百家杂钞》，唐文治见此书后“留连不忍释”，绍越千便“别赠是书一帙，属供临写”，唐文治深感“受先生知遇甚深”，请“李生颂侯”临写其中六册上的袁爽秋评语，以下各册次

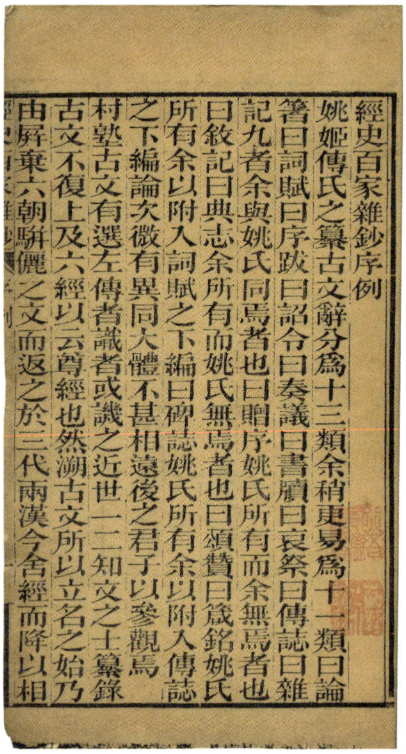
經史百家雜鈔序例
姚姬傳氏之纂古文辭分為十三類余稍更易為十一類曰論
著曰詞賦曰序跋曰詔令曰奏議曰書牘曰哀祭曰傳誌曰雜
記九者余與姚氏同焉者也曰贈序姚氏所有而余無焉者也
曰敘記曰典志余所有而姚氏無焉者也曰頌贊曰箴銘姚氏
所有余以附入詞賦之下編曰碑誌姚氏所有余以附入傳誌
之下編論次微有異同大體不甚相遠後之君子以參觀焉
村塾古文有選左傳者識者或譏之近世一二知文之士纂錄
古文不復上及六經以云尊經也然溯古文所以立名之始乃
由屏棄六朝駢儷之文而返之於三代兩漢今舍經而降以相

3

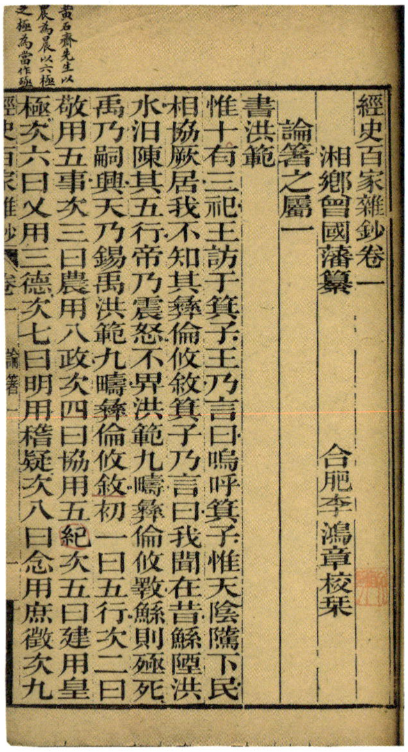
經史百家雜鈔卷一
湘鄉曾國藩纂
合肥李鴻章校栞
論著之屬一
書洪範
惟十有三祀王訪于箕子王乃言曰嗚呼箕子惟天陰騭下民
相協厥居我不知其彝倫攸敘箕子乃言曰我聞在昔鯀陻洪
水汩陳其五行帝乃震怒不畀洪範九疇彝倫攸斁鯀則殛死
禹乃嗣興天乃錫禹洪範九疇彝倫攸敘初一曰五行次二曰
敬用五事次三曰農用八政次四曰協用五紀次五曰建用皇
極次六曰乂用三德次七曰明用稽疑次八曰念用庶徵次九

4

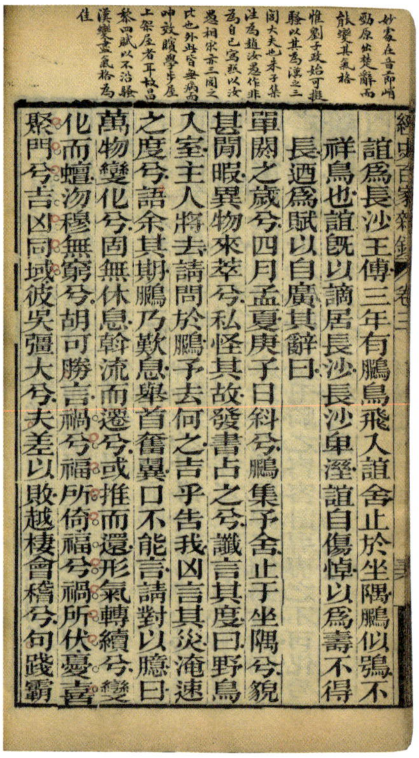
誼為長沙王傅三年有鵩鳥飛入誼舍止於坐隅鵩似鴞不
祥鳥也誼既以謫居長沙長沙卑溼誼自傷悼以為壽不得
長迺為賦以自廣其辭曰
單閼之歲兮四月孟夏庚子日斜兮鵩集予舍止于坐隅兮貌
甚閒暇異物來萃兮私怪其故發書占之兮讖言其度曰野鳥
入室主人將去請問於鵩兮予去何之吉乎告我凶言其災淹速
之度兮語余其期鵩乃歎息舉首奮翼口不能言請對以臆曰
萬物變化兮固無休息斡流而遷兮或推而還形氣轉續兮變
化而蟺沕穆無窮兮胡可勝言禍兮福所倚福兮禍所伏憂喜
聚門兮吉凶同域彼吴彊大兮夫差以敗越棲會稽兮句踐霸

5

3. 第一册《经史百家杂钞序例》
4. 第一册《经史百家杂钞卷一》
5. 第三册李颂侯所临批注

第自行校临。光绪戊申夏五（1908年6月间），写下此段梗概时，唐文治44岁，在邮传部上海高等实业学堂（今上海交通大学前身）监督任上。

1937年，唐文治作《袁评经史百家杂钞后序》（载《茹经堂文集》四编卷六），内容可与墨书题记相互补证，综合二者可知：绍越千本来欲将“袁评本”赠予唐文治，但唐文治推辞了，遂有“别赠是书一帙，属供临写”之举；唐文治于丁未（1907）“南归”（回上海）之际将“袁评本”借来，与门人合作在“别赠本”上进行临写，并于壬子（1912）入京时将“袁评本”奉还。绍越千逝世后，唐文治对“袁评本”一直心存牵挂。至丁丑（1937），唐文治弟子冯振赴河北，访得“袁评本”仍存绍越千之子竹铭处，竹铭遂将其赠予唐文治，由冯振携归无锡。唐文治再见“袁评本”，“开卷展玩，墨迹如新，回溯前尘，不胜黍离麦秀之痛”。时至今日，“袁评本”已不知所踪，太仓博物馆所藏的这套“别赠本”愈发显现出其特殊的历史价值。

绍越千，即绍英（1861—1925），字越千，满洲镶黄旗人，曾任农工商部部丞，与唐文治为同僚。辛亥革命后，充任溥仪宫中总管内务府大臣。

袁爽秋，即袁昶（1846—1900），字爽秋，浙江桐庐人，光绪二年（1877）进士，曾任总理衙门章京，与唐文治为同僚。光绪二十六年，因反对用义

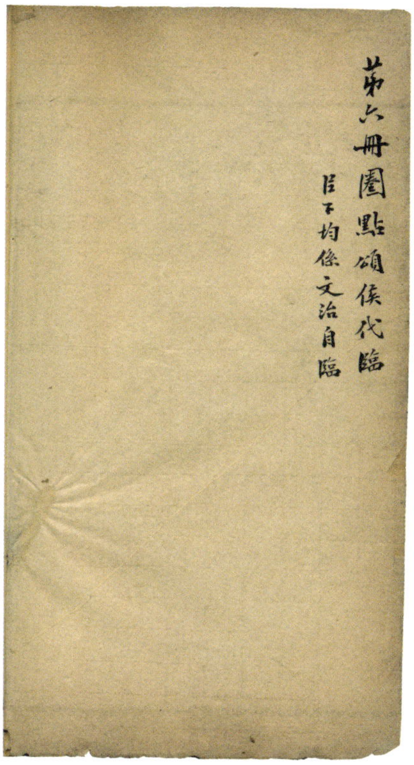
第六冊圈點頌侯代臨
已下均係文治自臨

6

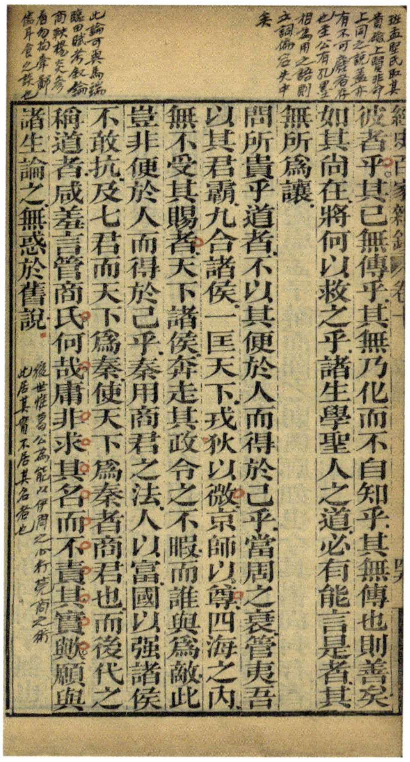
彼者乎其已無傳乎其無乃化而不自知乎其無傳也則善矣
如其尚在將何以救之乎諸生學聖人之道必有能言是者其
無所爲讓
問所貴乎道者不以其便於人而得於己乎當周之衰管夷吾
以其君霸九合諸侯一匡天下戎狄以微京師以尊四海之內
無不受其賜者天下諸侯奔走其政令之不暇而誰與爲敵此
豈非便於人而得於己乎秦用商君之法人以富國以強諸侯
不敢抗及七君而天下爲秦使天下爲秦者商君也而後代之
稱道者咸羞言管商氏何哉庸非求其名而不責其實歟顧與
諸生論之無惑於舊說

7

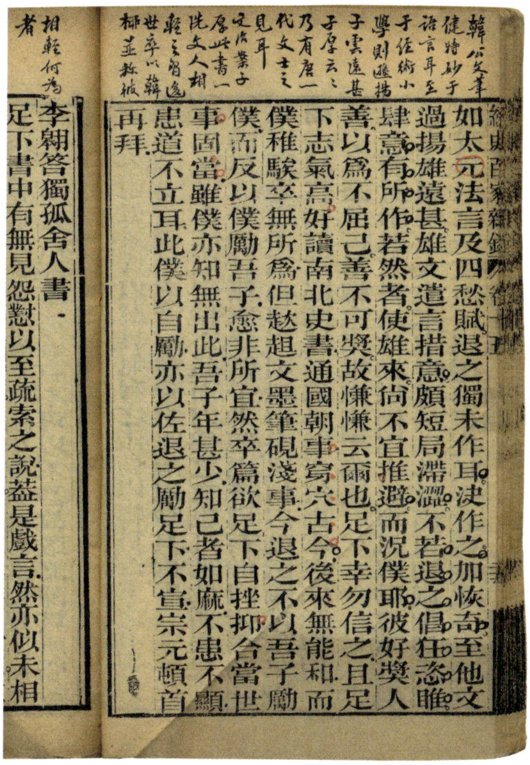
如太元法言及四愁賦退之獨未作耳使作之加恢奇至他文
過揚雄遠甚雄文遺言措意頗短局滯澀不若退之倡狂恣睢
肆意有所作若然者使雄來尚不宜推遜而況僕耶彼好獎人
善以爲不屈己善不可獎故慊慊云爾也足下幸勿信之且足
下志氣高好讀南北史書通國朝事穿穴古今後來無能和而
僕稚騃卒無所爲但趦趄文墨筆硯淺事今退之不以吾子勵
僕而反以僕勵吾子愈非所宜然卒篇欲足下自挫抑合當世
事固當雖僕亦知無出此吾子年甚少知己者如麻不患不顯
患道不立耳此僕以自勵亦以佐退之勵足下不宣宗元頓首
再拜
李翺答獨孤舍人書
足下書中有無見怨懟以至疏索之說蓋是戲言然亦似未相

8

6. 第六册封里
7. 第八册唐文治所临批注
8. 第十二册唐文治所临批注及案语
9. 第二十一册唐文治所临批注

和团排外而被清廷处死，为“庚子五大臣”之一。《辛丑条约》签订后，清廷为其平反，谥“忠节”。

李颂侯，即李联珪（1871—1927），字颂韩、颂侯，江苏太仓人。清末诸生，唐文治弟子，曾任邮传部上海高等实业学堂国文科长。著有《养庐诗文稿》。

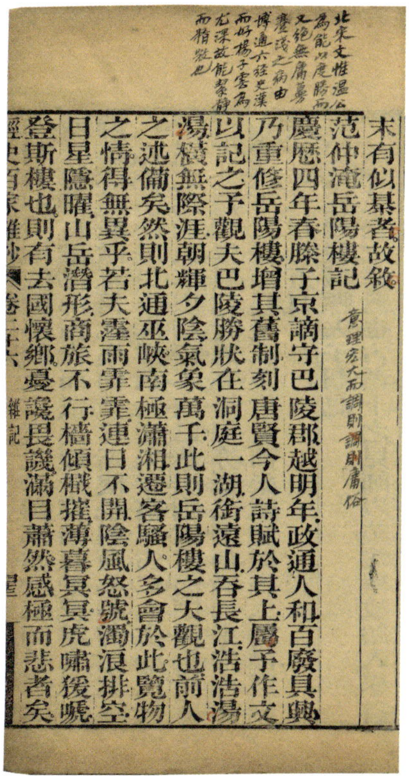
未有似茲者故敘
范仲淹岳陽樓記
慶歷四年春滕子京謫守巴陵郡越明年政通人和百廢具興
乃重修岳陽樓增其舊制刻唐賢今人詩賦於其上屬予作文
以記之予觀夫巴陵勝狀在洞庭一湖銜遠山吞長江浩浩湯
湯橫無際涯朝暉夕陰氣象萬千此則岳陽樓之大觀也前人
之述備矣然則北通巫峽南極瀟湘遷客騷人多會於此覽物
之情得無異乎若夫霪雨霏霏連月不開陰風怒號濁浪排空
日星隱曜山岳潛形商旅不行檣傾楫摧薄暮冥冥虎嘯猿啼
登斯樓也則有去國懷鄉憂讒畏譏滿目蕭然感極而悲者矣

9

2

路煐赠唐文治“松鹤延年”紫砂盘

长27.5厘米，宽21厘米
1986年唐文治家属捐赠

盘为宜兴紫砂制成，呈长方倭角形，外底中心戳印方形篆书印“承顺兴制”，其右侧戳印长方形楷书印“树荣”，为宜兴紫砂商号及工匠名。盘内壁施月白色乳浊釉，釉上以蓝彩绘松鹤图，旁有题记：“松鹤延年，茹经先生赐存，后学路熯敬赠，时在丁丑孟秋制。”表明此盘为路熯于丁丑年孟秋（1937年8月间）订制，并赠与唐文治。此年唐文治73岁，在无锡国专校长任上。

路熯，字镇频，江苏宜兴人，曾为宜兴县教育会会员。

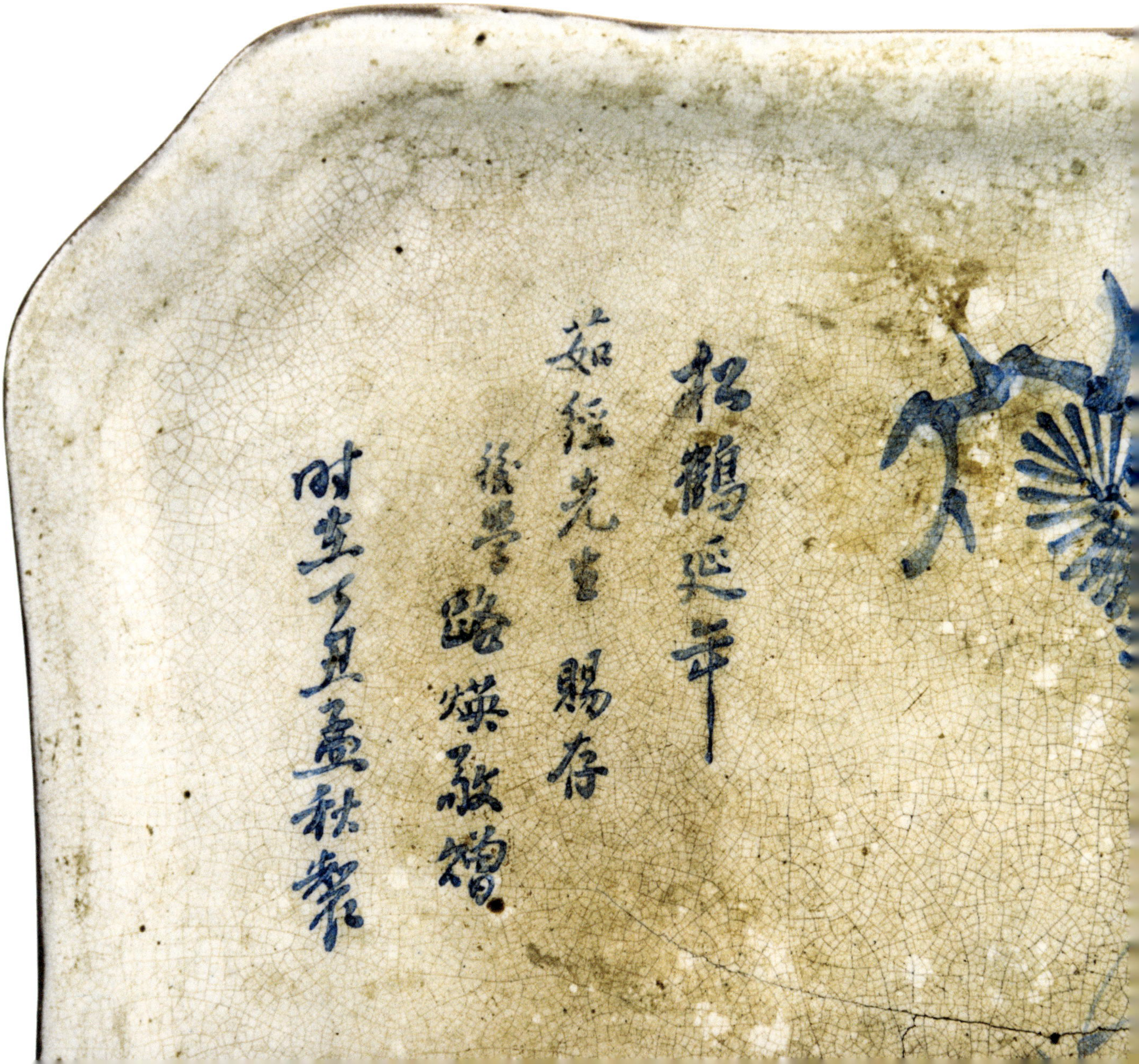

3

佚名抄
唐文治作《茹经辞祝俚诗》

长29.5厘米，宽18厘米
本馆旧藏

甲申年（1944），唐文治八十岁生日时，“诸君子”纷纷写诗祝贺，唐文治“惭汗无极”，遂赋“俚诗”辞祝，成七言绝句三首。此页虽为佚名抄录，且抄录时间不详，但不掩其史料价值。

茹经辞祝俚诗

文治马齿徒增，于世道毫无裨益，猥以八十初度，辱承诸君子赐祝，惭汗无极。现在无锡国学专修学校及太仓积善会粥厂，根基未固，风雨飘摇，昕夕忧思，冀谋善后，爰赋俚诗，质诸同志。

树人树木费平章，广厦宏开幸赞襄。
正学惟期传一脉，会看星斗焕灵光。
（指国学专修学校）
己溺己饥佩昔贤，鸿嗷遍野更堪怜。
请移同志众擎力，遍向穷乡结善缘。
（指太仓粥厂）
盲人八十复何求，作善惟希心日休。
救得茕茕千百命，奚须富贵羡封侯。
（同上）
甲申暮春，蔚芝唐文治稿。

茹經辭祝俚詩

文治馬齒徒增於世道毫無裨益猥以八十初度辱承諸君子賜祝慚汗無極現在無錫國學專修學校及太倉積善會粥廠根基未固風雨飄搖朝夕憂思冀謀善後爰賦俚詩質諸同志

樹人樹木費平章廣廈宏開幸贊襄正學惟期傳一脈會看星斗煥雲光　指國學專修學校

己溺己飢仰昔賢鴻嗷遍野更堪憐請移同志眾擎力徧向窮鄉結善緣　指太倉粥廠

盲人八十後何求作善惟希心日休救得煢煢千百命奚須富貴蔭封侯　同上

甲申暮春月蔚芝唐文治稿

小草箋

4

无锡国学专修学校校友会赠唐文治“天寿平格”红木手杖

长90厘米，重820克

1986年唐文治家属捐赠

手杖为红木所制，髹黑漆，顶有铜执钮。杖身镌刻篆书“天寿平格”四字，语出《尚书·君奭》，后衍化为祝寿语。下有章草书：“校长夫子大人赐存，无锡国学专修学校校友会敬献。丙戌十月十七日受业王蘧常敬书。”表明此手杖乃由无锡国学专修学校校友会献于唐文治，铭文由王蘧常书写。书写时间“丙戌十月十七日”为1946年11月10日，镌刻时间当在此后不久。

王蘧常（1900—1989），字瑗仲，号明两，浙江嘉兴人，著名历史学家、书法家。1920年入无锡国学专修馆，受业于唐文治。曾任无锡国专教务长、光华大学教授、复旦大学教授等职。精于书法，尤善章草。

唐文治获献此件手杖的具体日期目前见有两种不同记载。刘桂秋编《唐文治年谱长编》（上海交通大学出版社，2020年版第1065页—1066页）有详细录文，兹转录于下：

1. 唐文治著，唐庆诒补《茹经先生年谱续编·丙戌八十二岁》记：“十月廿六日，国专全体教职员同学赠余红木手杖，上镌‘天寿平格’四字。上午十时举行献杖仪式。王生瑗仲致辞，余答谢，并勉同人作中流砥柱云。”

2.《申报》1946年11月25日第8版报道：“无锡国学专修馆校友会，为将其母校校长唐文治表示敬意起见，特于昨日上午十时，在该校举行献杖典礼。王教务长蘧常报告校友会复会经过后，校友贺仙小姐在热烈的掌声中，晋献手杖。杖为红木制成，系以彩绸，上篆‘天寿平格’四字。唐校长欣然接受，并致答词，语多警惕。”

《茹经先生年谱续编》所记“十月廿六日”为农历，公历为1946年11月19日。

刘桂秋先生认为，献杖日期当以《申报》所记为准，即1946年11月24日。当是。

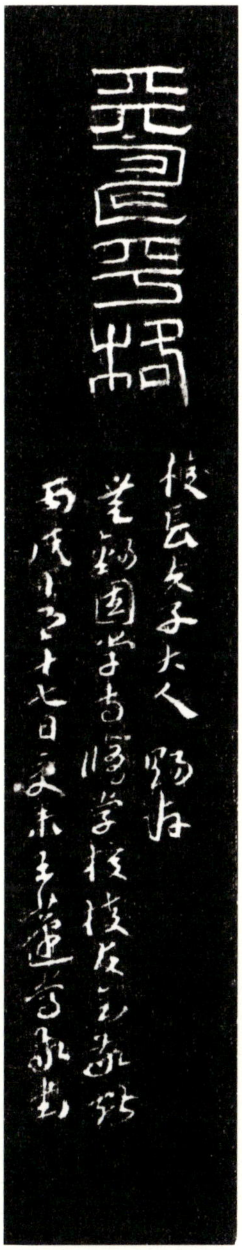

5

唐文治致曹元弼信封

长27厘米，宽13厘米

1986年唐文治家属捐赠

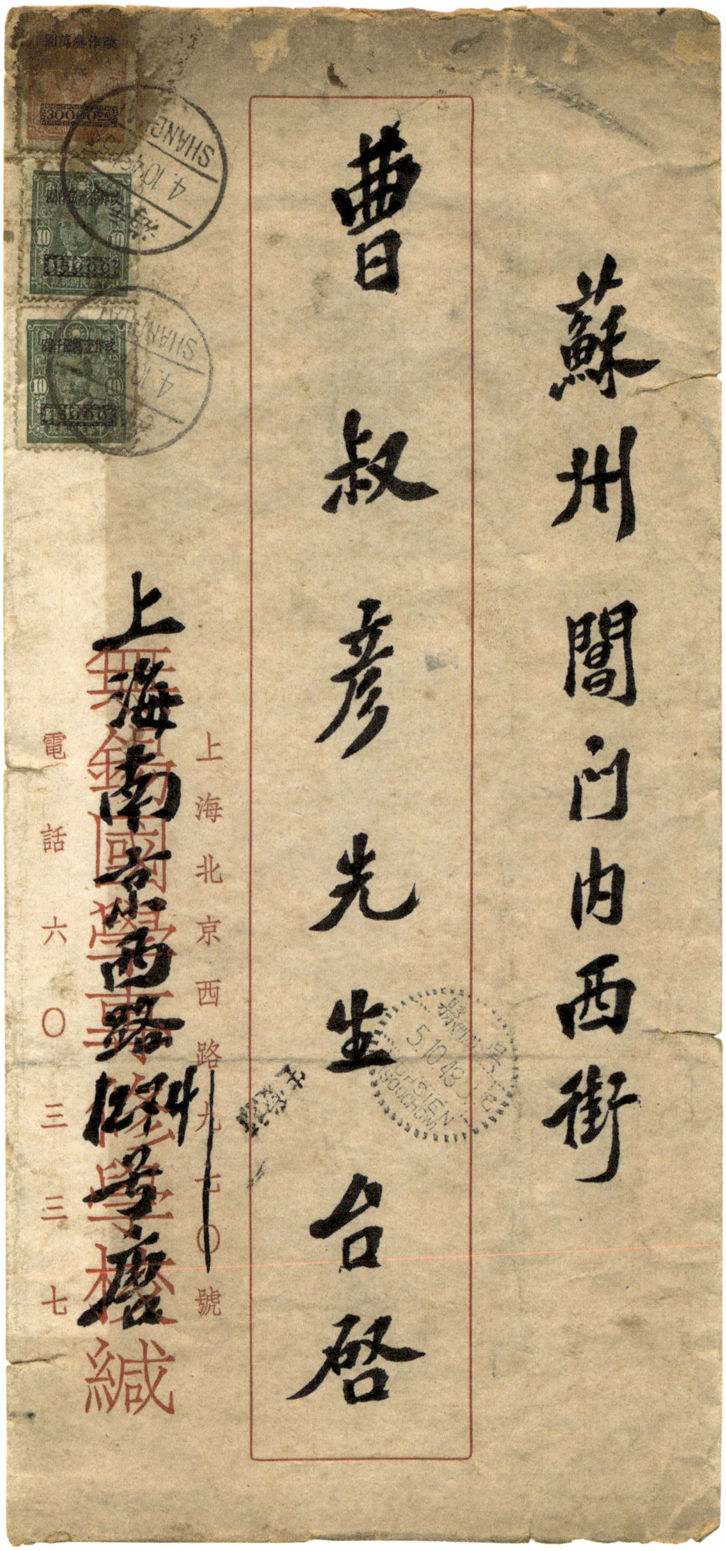

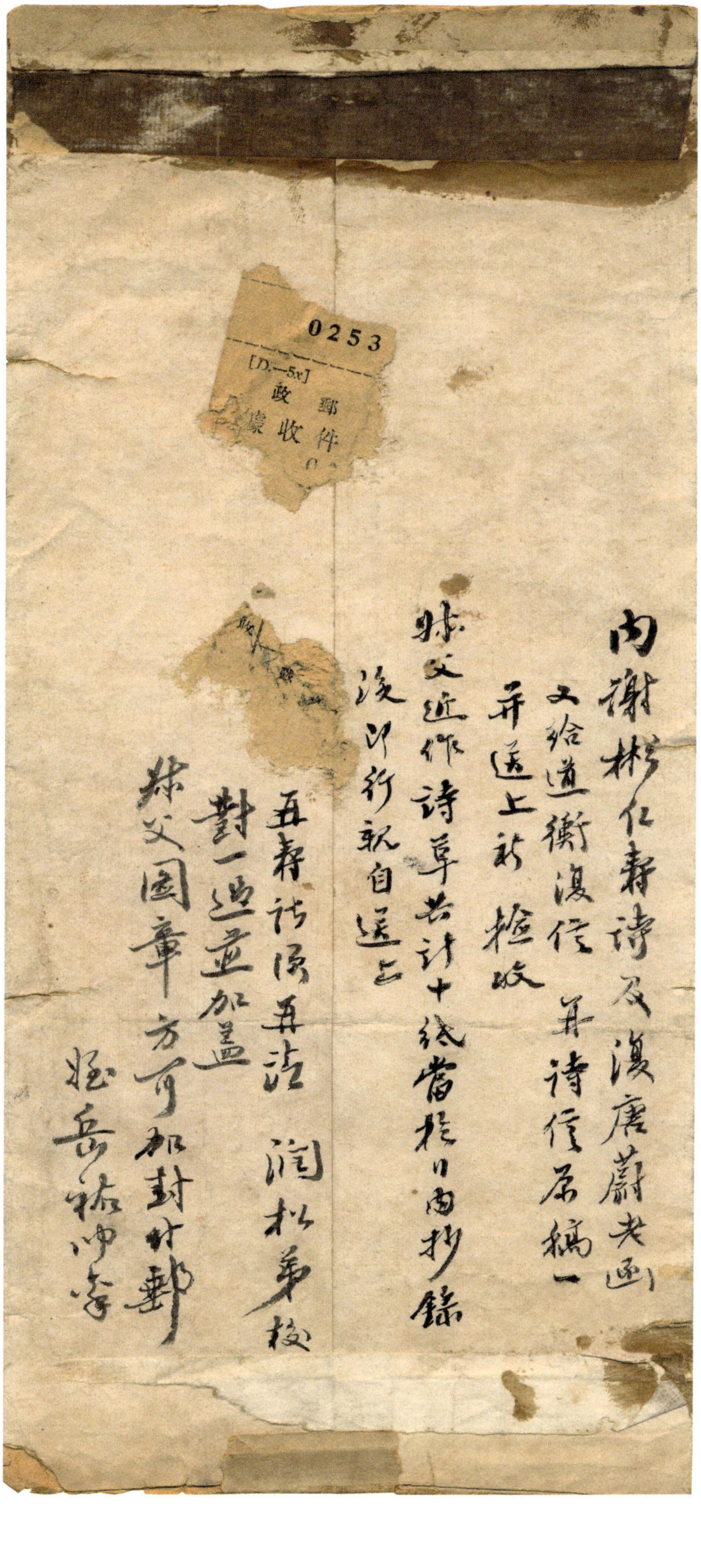

信封用“无锡国学专修学校缄”，正中书“曹叔彦先生台启”，旁有邮戳一枚，内容为“吴县 48.10.5”，右侧书“苏州阊门内西街”，左侧书“上海南京西路1274号唐”，左上角贴邮票三枚，上盖两枚邮戳，内容为“上海 48.10.4”。

以上信息显示，此信封是由身在上海的唐文治寄给身在苏州的曹叔彦，从1948年10月4日寄出，10月5日抵苏州吴县。信封内未留存唐文治的去信。结合寄信时间及笔迹来看，信封墨书应为唐文治秘书代笔。

曹叔彦，即曹元弼（1867—1953），字谷孙，又字师郑，号叔彦，晚号复礼老人，江苏苏州人，早年肄业于南菁书院，与唐文治交厚，为终生挚友。平生淹贯群经，著述宏富，为近代著名经学家。

信封背面墨书文字：

内谢彬仁寿诗及复唐蔚老函，又给道衡复信，再诗信原稿一并送上，祈检收。叔父近作诗草共计十纸，当于日内抄录后，即行亲自送上。再寿诗须再请润松弟校对一过并加盖叔父图章，方可加封付邮。侄岳祐叩禀。

墨书作者为曹岳祐，字黼侯，江苏苏州人。光绪御医曹元恒次子，曹元弼胞侄。能传家学，精医术。

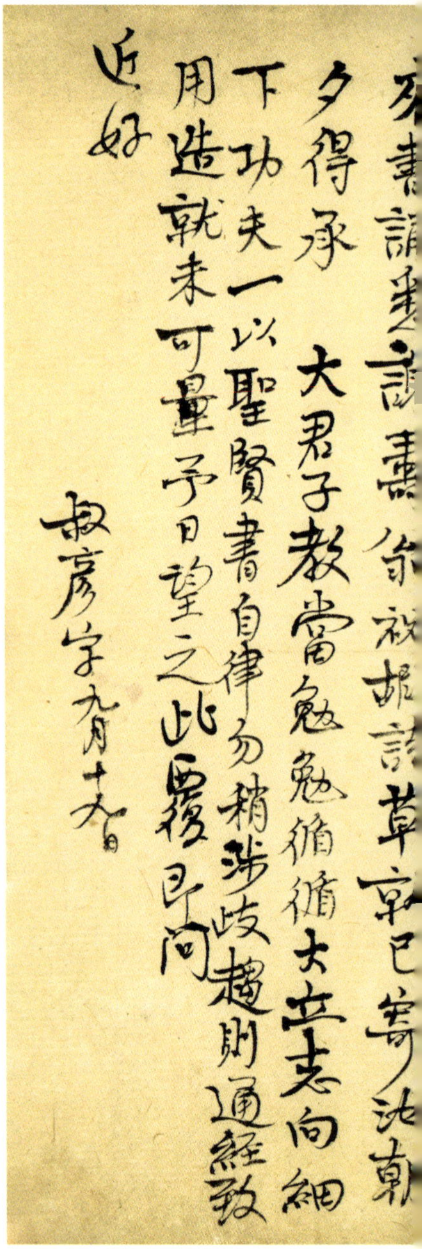
書誦悉謝壽翁祝嘏詩草就已寄汝朝
夕得承大君子教當勉勉循循大立志向細
下功夫一以聖賢書自律勿稍涉歧趨則通經致
用造就未可量予日望之此覆即問
近好
叔彦字九月十九日

6

曹元弼致唐文治、曹道衡信稿

长40.3厘米，宽26.8厘米
1986年唐文治家属捐赠

信稿有两段，写于同一纸上，右段上款人“蔚芝大哥同年大人”，即唐文治；左段上款人“道衡侄曾孙”，即曹道衡。两信的落款时间均为九月十九日。

蔚芝大哥同年大人如手：正切驰思，欣逢来教，敬审乐育不倦，动履吉祥，甚善甚慰。弟处无可奈何之境，为万不得已之举，至亲密友概未以闻。幸，新娶弟妇柴氏颇能料理家事，体贴衰老，得以少减悲怀。谢彬仁兄希世福德，其哲嗣为兄高雅弟子，文行交修，孝德可佩，重以兄命，搜索枯肠，成长歌一章，用祝纯嘏，录呈指正。如可用，即希转交，末段数语，想“孝思不匮，永锡尔类”，必有乐乎此也。附覆舍侄曾孙道衡数行，乞召而与之。秋光皎洁，惟卫道加珍，专上，即请，台安。

年如弟曹元弼顿首，九月十九日。

道衡侄曾孙：览前得唐曾太年谱伯书，称汝好学守礼，闻之深慰，今得来书，诵悉谢寿翁祝嘏诗草就，已寄汝，朝夕得承大君子教，当勉勉循循，大立志向，细下功夫，一以圣贤书自律，勿稍涉歧

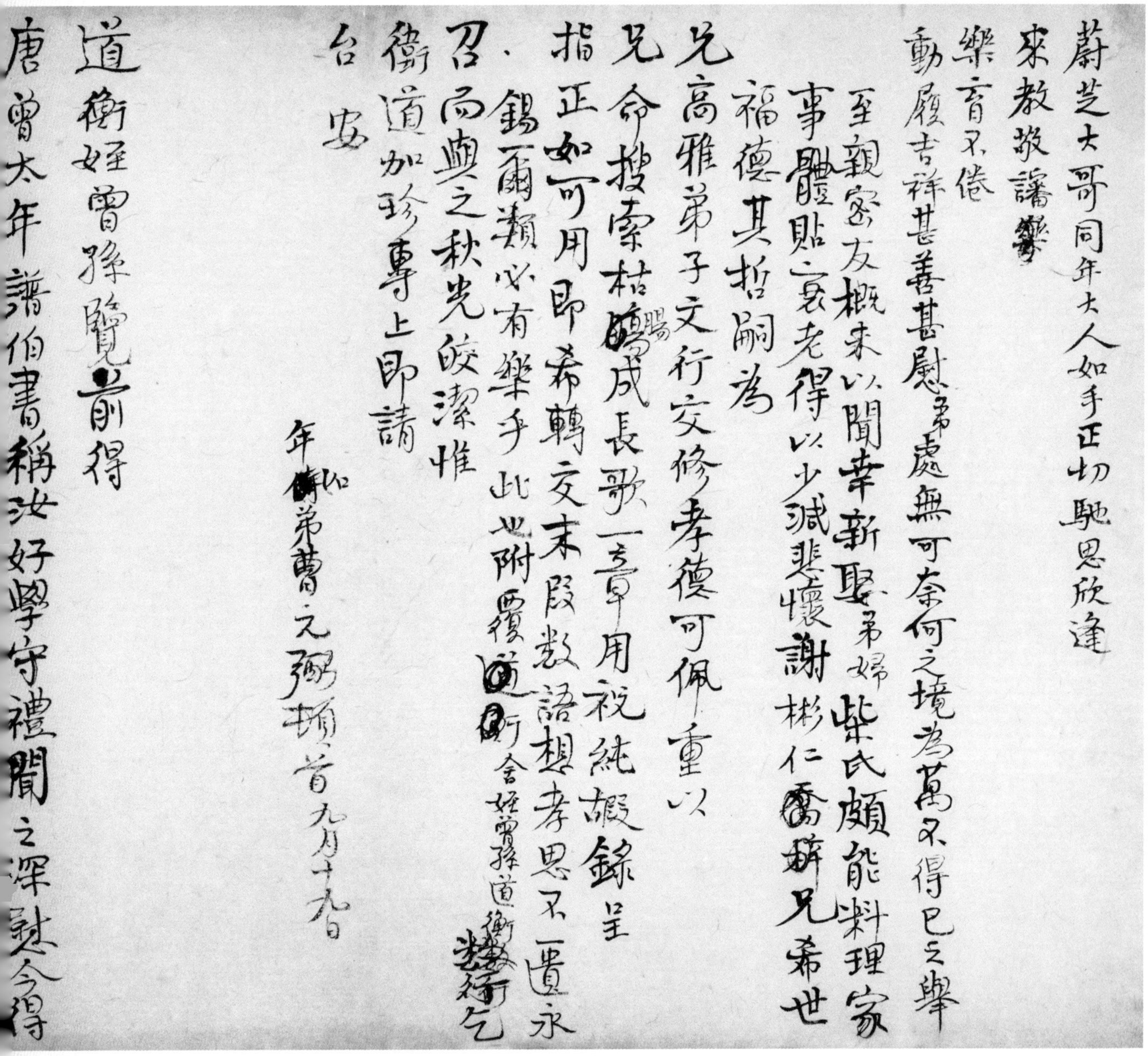
蔚芝大哥同年大人如手：正切驰思，欣逢
来教，敬谂
乐育不倦，
动履吉祥，甚善甚慰。弟处无可奈何之境，为万不得已之举，
至亲密友概未以闻。幸新娶弟妇柴氏颇能料理家
事，体贴衰老，得以少减悲怀。谢彬仁兄希世
福德，其哲嗣为
兄高雅弟子，文行交修，孝德可佩，重以
兄命，搜索枯肠，成长歌一章，用祝纯嘏，录呈
指正，如可用，即希转交。末段数语，想孝思不匮，永
锡尔类，必有乐乎此也。附覆舍侄曾孙道衡数行，乞
召而与之。秋光皎洁，惟
卫道加珍。专上，即请
台安。
年愚弟曹元弼顿首 九月十九日

道衡侄曾孙览：前得
唐曾太年谱伯书，称汝好学守礼，闻之深慰。今得

趋，则通经致用，造就未可量。予日望之。此覆，即问近好。

叔彦字，九月十九日。

曹道衡（1928—2005），名文诠，字道衡，江苏苏州人，曹元弼侄曾孙，1952年毕业于北京大学中文系，历任中国社会科学院文学研究所研究员，中国文选学研究会会长等职。

曹元弼在左段致曹道衡信中提及“览前得唐曾太年谱伯书，称汝好学守礼，闻之深慰”，说明此时曹道衡正在唐文治门下学习。据曹道衡著《南朝文学与北朝文学研究》（商务印书馆2015年版）一书所附“曹道衡先生学术年表”可知，曹道衡于1946—1949年在无锡国专上海分校，师从唐文治，故曹元弼的写信时间当在此期间。正因如此，曹元弼在右段致唐文治信的末尾才会说“附覆舍侄曾孙道衡数行，乞召而与之”，即把左段写给曹道衡的信请唐文治代为转交。故而就出现了一张信纸上同时出现唐文治和曹道衡两个上款人的特殊情况。

7

唐文治灌录
《唐蔚芝先生读文灌音片》

存六片，每片直径25厘米，厚0.2厘米
1986年唐文治家属捐赠

1

3

2

4

唐文治的古诗文吟诵，受到桐城派古文家吴汝纶的直接影响，经过自己的不断实践，创造出一套独特的方法，缘情以发声，因声以达意，抑扬顿挫，声出金石，被称为“唐调”。1948年，唐文治的长子唐庆诒及其诸多弟子发起为先生读文灌制唱片，由上海大中华唱片厂制作发行，有两种版本，一种名为《唐蔚芝先生读文灌音片》，共十片；另一种名为《唐蔚芝先生读文灌音片通用集》，共五片，乃前者之选集。

1. 第二片上
2. 第二片下
3. 第三片上
4. 第三片下

5

7

6

8

十片版的全部篇目为：

第一片

上——唐文治述：唐蔚芝先生读文法讲辞，

第一片

下——唐庆诒述：唐谋伯先生英文介绍辞。

第二片

上——唐文治读：欧阳修《秋声赋》，

第二片

下——唐文治读：欧阳修《丰乐亭记》。

---

5. 第四片上
6. 第四片下
7. 第六片上
8. 第六片下
9. 第七片上
10. 第七片下

9

10

第三片

上——唐文治读：李华《吊古战场文》（上），

第三片

下——唐文治读：李华《吊古战场文》（下）。

第四片

上——唐文治读：欧阳修《五代史·伶官传序》，

第四片

下——唐文治读：范仲淹《岳阳楼记》。

第五片

上——唐文治读：《史记 · 屈原列传》（上），

第五片

下——唐文治读：《史记 · 屈原列传》（下）。

第六片

上——唐文治读：诸葛亮《前出师表》，

第六片

下——唐文治读：韩愈《送李愿归盘谷序》。

第七片

上——唐文治读：《诗经·鸨羽》《诗经·卷阿》，

第七片

下——唐文治读：欧阳修《泷冈阡表》。

第八片

上——唐文治读：《诗经·常棣》《诗经·谷风》《诗经·伐木》，

第八片

下——唐文治读：岳飞《满江红》。

第九片

上——唐文治读：《楚辞 · 九歌 · 云中君》《楚辞 · 九歌 · 湘夫人》、苏东坡《水调歌头》，

第九片

下——唐文治读：《左传 · 吕相绝秦》。

第十片

上——唐文治读：唐若钦《迎春诗》《送春诗》，

第十片

下——唐文治、唐庆诒合唱：昆曲《长生殿 · 小宴》（第一段）。

太仓博物馆所藏六片，均有破损，为十片版的第二、三、四、六、七片（第二片有重复的两张）。

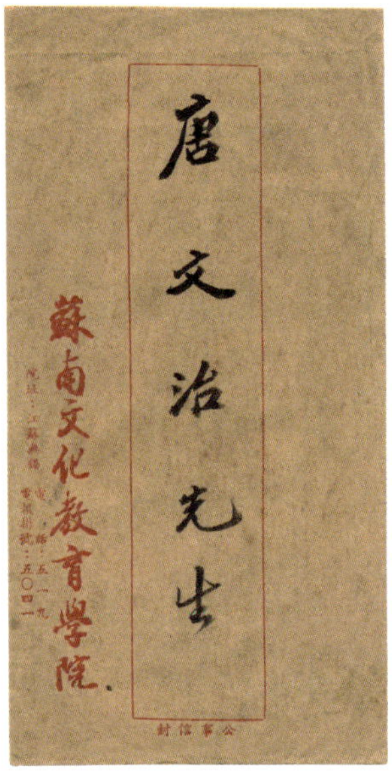

1

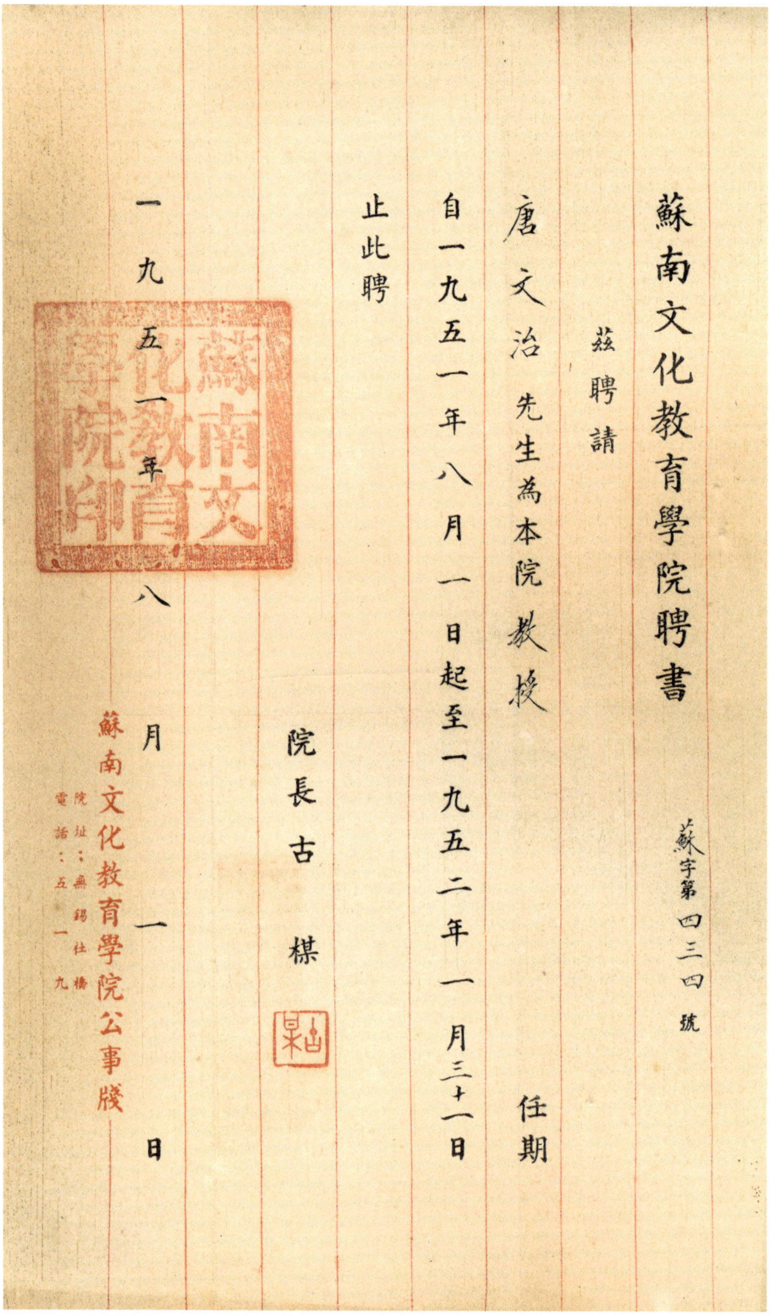

蘇南文化教育學院聘書

蘇字第四三四號

茲聘請

唐文治先生為本院教授 任期

自一九五一年八月一日起至一九五二年一月三十一日

止此聘

院長古楳

一九五一年八月一日

2

1. 信封
2. 聘书

8

苏南文化教育学院致唐文治聘书及说明函

信封长20厘米，宽9.3厘米；
聘书长28.5厘米，宽21.5厘米；
说明函长28.5厘米，宽18厘米
1986年唐文治家属捐赠

聘书及说明函原置于“苏南文化教育学院公事信封”内，上书“唐文治先生”五字。

聘书用“苏南文化教育学院公事笺”，序号为“苏字第四三四号”，内容为苏南文化教育学院聘请唐文治为教授，任期“自一九五一年八月一日起至一九五二年一月三十一日止”，由院长古梅于一九五一年八月一日签发，钤“苏南文化教育学院印”。

说明函以院长古梅的名义发出，油印而成，唯“唐文治”三字为手书，内容是说明退还1950年的聘书并于1951年重新发放聘书的缘由：

敬启者：本院本学期续聘及新聘教职员聘书，经于一九五〇年十二月六日由前本院筹备委员会填就，送至苏南行署文教处，请筹委会刘主任委员、陶副主任委员盖章，旋奉苏南人民行政公署文教处

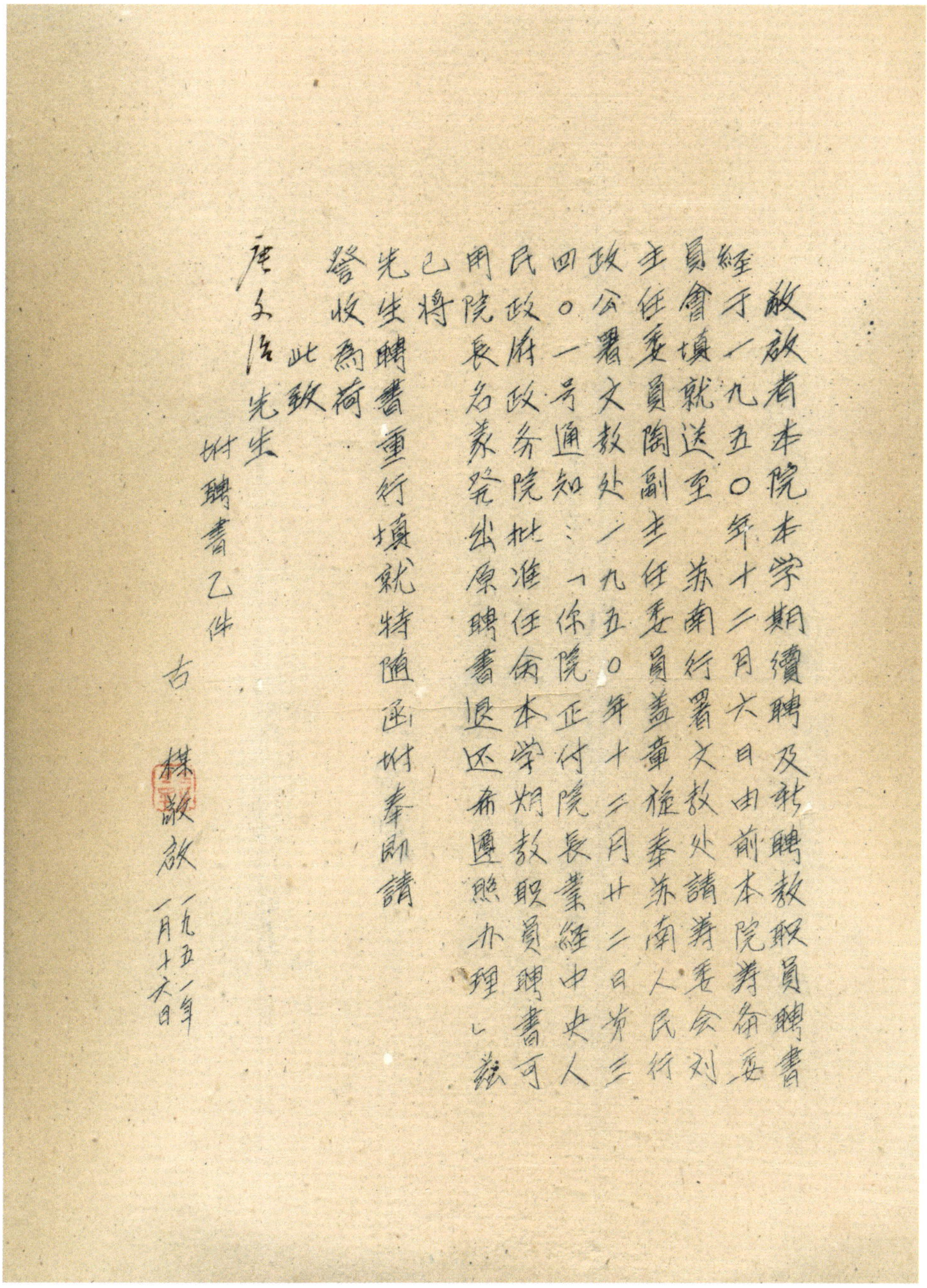

敬啟者本院本学期續聘及新聘教職員聘書經于一九五〇年十二月六日由前本院聘委員會填就送至苏南行署文教处請聘委会刘主任委員陶副主任委員盖章并奉苏南人民行政公署文教处一九五〇年十二月廿二日第三四〇一号通知：「你院正付院長業經中央人民政府政务院批准任命本学期教職員聘書可用院長名義發出原聘書退还希遵照办理」兹已將

先生聘書重行填就特隨函附奉即請

察收為荷

此致

唐文治先生

附聘書乙件

古 楳 敬啟

一九五一年一月十六日

3

3. 说明函

一九五〇年十二月廿二日第三四〇一号通知："你院正副院长业经中央人民政府政务院批准认命，本学期教职员聘书可用院长名义发出，原聘书退还，希遵照办理。"兹已将先生聘书重行填就，特随函附奉，即请察收为荷。此致，唐文治先生。附聘书乙件。古楳（梅）敬启。一九五一年一月十六日。

1949年中华人民共和国成立后，无锡国专更名为中国文学院，唐文治任院长。1950年，中国文学院并入苏南文化教育学院，唐文治被聘为教授。1952年，以苏南文化教育学院为主，成立苏南师范学院，后改称江苏师范学院，即今苏州大学前身。

9

唐文治自用“茹经”铭石章

长3.6厘米，宽3.4厘米，
高4.2厘米，重146克
2000年唐文治之孙、俞庆棠之子唐孝宣捐赠

“茹经”二字篆书朱文印，自右至左读。一侧印墙阴刻有“墨缘”二字。唐文治晚年自号“茹经”，此章为其生前所用。

唐孝宣（1925—2007），江苏无锡人，唐文治长孙、俞庆棠长子。1947年赴美国留学，攻读食品化学硕士学位。1950年回国，历任上海第三制药厂副厂长、华北制药厂总工程师、河北省医药管理局局长、华东理工大学教授等职。

10

唐文治自用“唐文治印”铭石章

长3.6厘米，宽3.2厘米，
高3.2厘米，重127克
2000年唐文治之孙、俞庆棠之子唐孝宣捐赠

“唐文治印”四字篆书朱文印，回文印，自左至右顺时针旋读。为唐文治生前所用。

11

唐文治自用银边眼镜

镜长12厘米，镜片直径4.3厘米，重21克
2000年唐文治之孙、俞庆棠之子唐孝宣捐赠

此副眼镜有原配镜盒及镜布，镜盒外烫印“精益眼镜公司 CHINESE OPT.CO.”，民国时期制品。

眼镜银丝边，圆框，玻璃镜片，镜腿弯成圆弧形，鼻托呈黄褐色，底部铜材已生锈，乃长期使用所致。

唐文治自幼勤学苦读，《茹经先生自订年谱》记载，七岁那年“夜课恒随月读书，目力已受伤矣”。成年后，因为忙于公务，视力益损，眼镜成为唐文治工作生活中不可或缺之物。

著　作

收录太仓博物馆馆藏唐文治著作14种，均为民国年间公开出版者，除《唐封翁手书格言》为唐文治所编先父手稿影印本、《十三经读本评点札记》为唐文治辑录之作外，其余均为唐文治撰著，有奏疏类的《茹经堂奏疏》，儒学类的《阳明学术发微》《周易消息大义》《尚书大义》《性理学大义》，年谱类的《茹经先生自订年谱》，文集类的《茹经堂文集三编》《茹经堂文集四编》《唐蔚芝先生演讲录》（初至四集），杂著类的《唐蔚芝先生劝孝编》《唐蔚芝先生劝善编》、与王君九合编的《茹经劝善小说、人兽鉴传奇谱合刊本》。

1

唐文治辑《十三经读本评点札记》

每册长24厘米，宽15.2厘米
本馆旧藏

共十二册，1924年木刻印刷本。为唐文治所编全一百二十册之《十三经读本》之组成部分。唐文治辑宋元及清代诸儒评点《十三经》，即《周易》《尚书》《诗经》《周礼》《仪礼》《礼记》《春秋左氏传》《春秋公羊传》《春秋穀梁传》《论语》《孝经》《尔雅》《孟子》之文，编为札记，以便初学者。

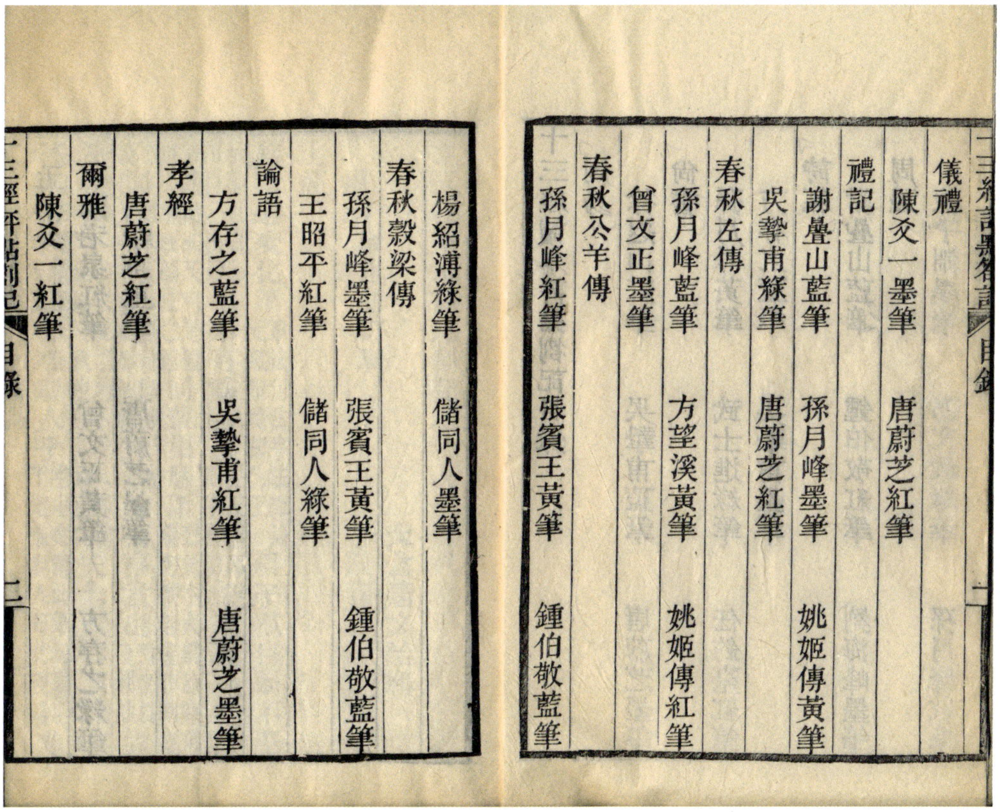

1

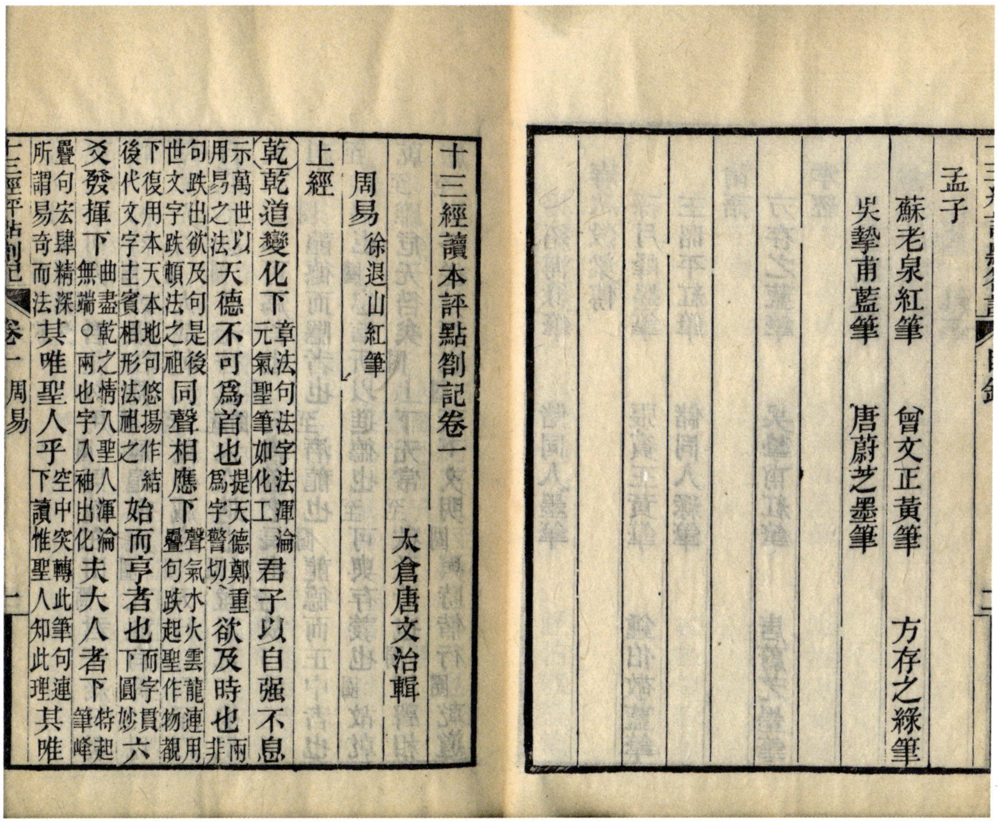

2

1.《十三经读本评点札记》目录书影

2.《十三经读本评点札记》卷一书影

1. 封面
2. 若钦唐公遗像

2

唐文治编印《唐封翁手书格言》

长26.5厘米，宽15.6厘米
本馆旧藏

全一册，1925年石印本。封面签条影印许沐鑅题签，首页影印“若钦唐公遗像”，末页影印唐文治述、唐庆诒书跋文一段，叙印书缘由：唐文治之父唐受祺（即唐封翁）身前遗嘱“不得刻诗文集”，1925年唐受祺去世，唐文治乃将先父平日手书先哲格言“印而行之”，认为“或于遗命无背”。影印手书内容包括“吕新吾先生《呻吟语》、张杨园先生《训子语》、张敦复先生《聪训斋语》、申凫盟先生《荆园小语》”，并附杂记数条，“虽信笔记录，皆有益于修身处世之道”，希望“子孙其庶几永宝之”。

唐受祺（1841—1925），字若钦，号兰客，江苏太仓人。清恩贡生。少家贫，授徒自给。好搜辑乡先贤遗著，手抄陆桴亭先生遗书十数册，并刊行之。以子文治赠农工商部侍郎。著有《浣花庐诗钞》《浣花庐赋钞》等。

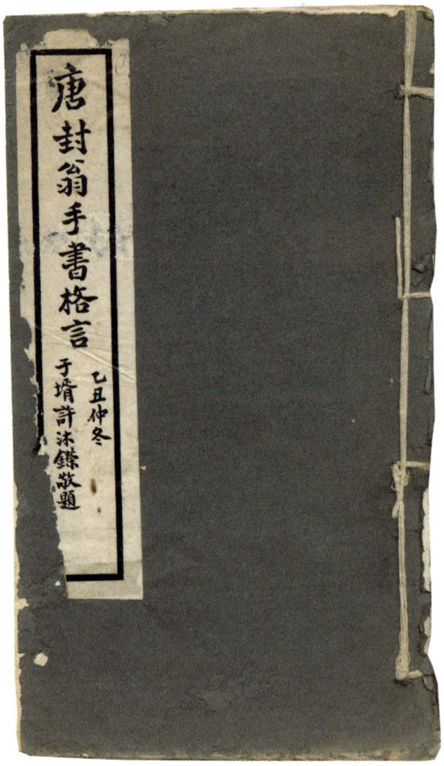

1

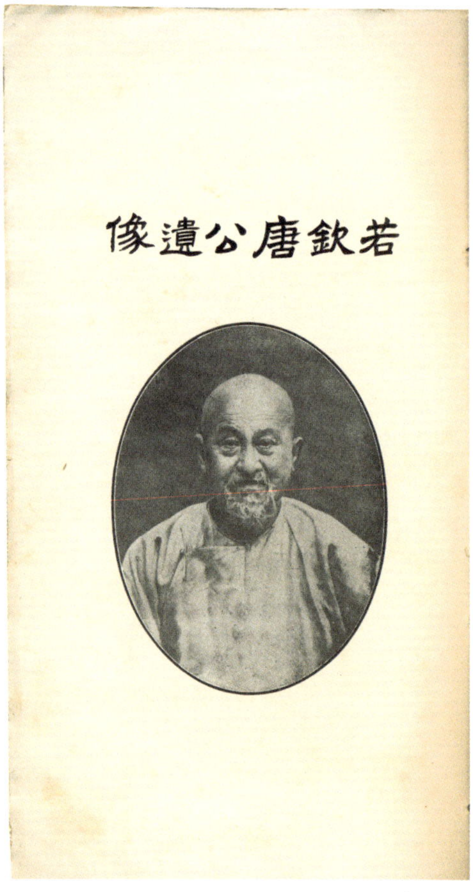

2

3. 正文首页
4. 正文某页
5. 跋一
6. 跋二

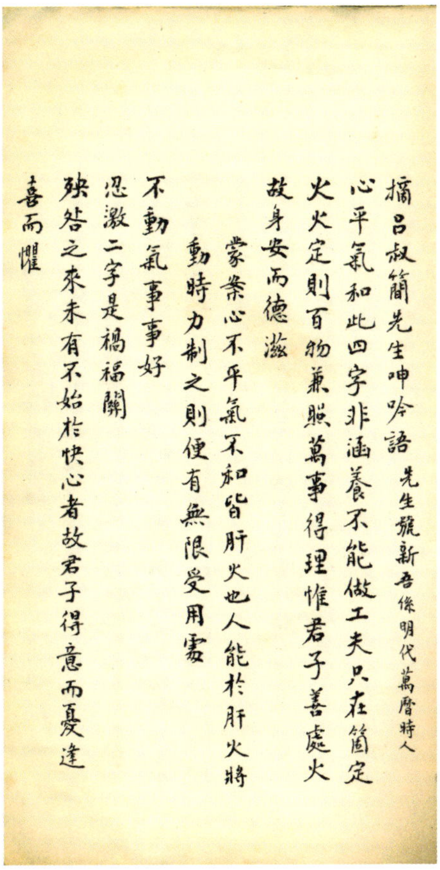
摘呂叔簡先生呻吟語 先生號新吾係明代萬曆時人
心平氣和此四字非涵養不能做工夫只在箇定
火火定則百物兼照萬事得理惟君子善處火
故身安而德滋
蒙案心不平氣不和皆肝火也人能於肝火將
動時力制之則便有無限受用處
不動氣事事好
忍激二字是禍福關
殃咎之來未有不始於快心者故君子得意而憂逢
喜而懼

3

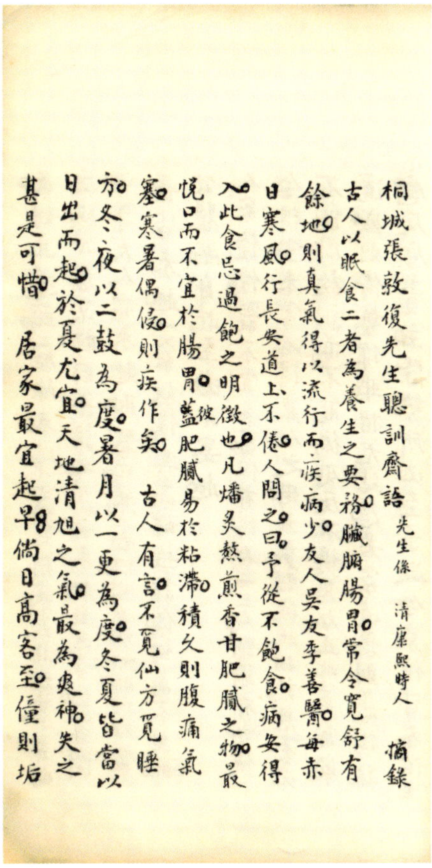
桐城張敦復先生聰訓齋語 先生係清康熙時人 摘錄
古人以眠食二者為養生之要務。臟腑腸胃。常令寬舒有
餘地。則真氣得以流行而疾病少。友人吳友季善醫。每赤
日寒風。行長安道上不倦。人問之。曰。予從不飽食。病安得
入。此食忌過飽之明徵也。凡燔炙熬煎香甘肥膩之物。最
悅口而不宜於腸胃。盖彼肥膩易於粘滯。積久則腹痛氣
塞。寒暑偶侵。則疾作矣。 古人有言。不覓仙方覓睡
方。冬夜以二鼓為度。暑月以一更為度。冬夏皆當以
日出而起。於夏尤宜。天地清旭之氣。最為爽神。失之
甚是可惜。 居家最宜起早。倘日高客至。僮則垢

4

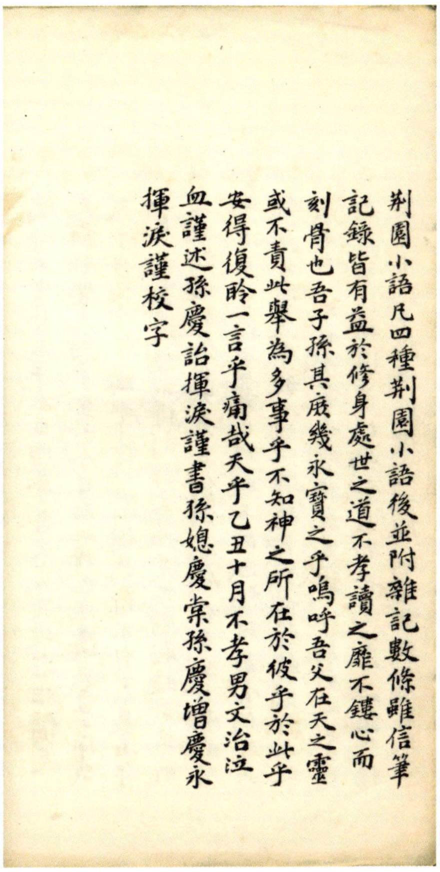
荆園小語凡四種荆園小語後並附雜記數條雖信筆
記錄皆有益於修身處世之道不孝讀之靡不鏤心而
刻骨也吾子孫其庶幾永寶之乎嗚呼吾父在天之靈
或不責此舉為多事乎不知神之所在於彼乎於此乎
安得復聆一言乎痛哉天乎乙丑十月不孝男文治泣
血謹述孫慶詒揮淚謹書孫媳慶棠孫慶增慶永
揮淚謹校字

5

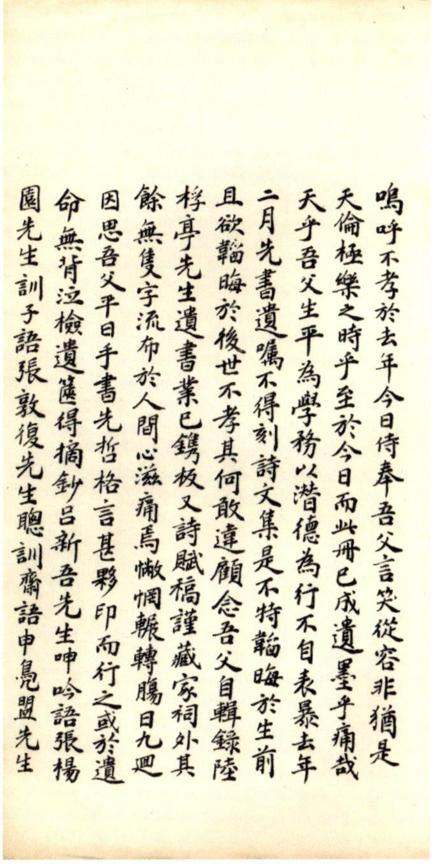
嗚呼不孝於去年今日侍奉吾父言笑從容非猶是
天倫極樂之時乎至於今日而此冊已成遺墨乎痛哉
天乎吾父生平為學務以潛德為行不自表暴去年
二月先書遺囑不得刻詩文集是不特韜晦於生前
且欲韜晦於後世不孝其何敢違顧念吾父自輯錄陸
桴亭先生遺書業已鐫板又詩賦稿謹藏家祠外其
餘無隻字流布於人間心滋痛焉悚惘輾轉腸日九迴
因思吾父平日手書先哲格言甚夥印而行之或於遺
命無背泣檢遺篋得摘鈔呂新吾先生呻吟語張楊
園先生訓子語張敦復先生聰訓齋語申鳧盟先生

6

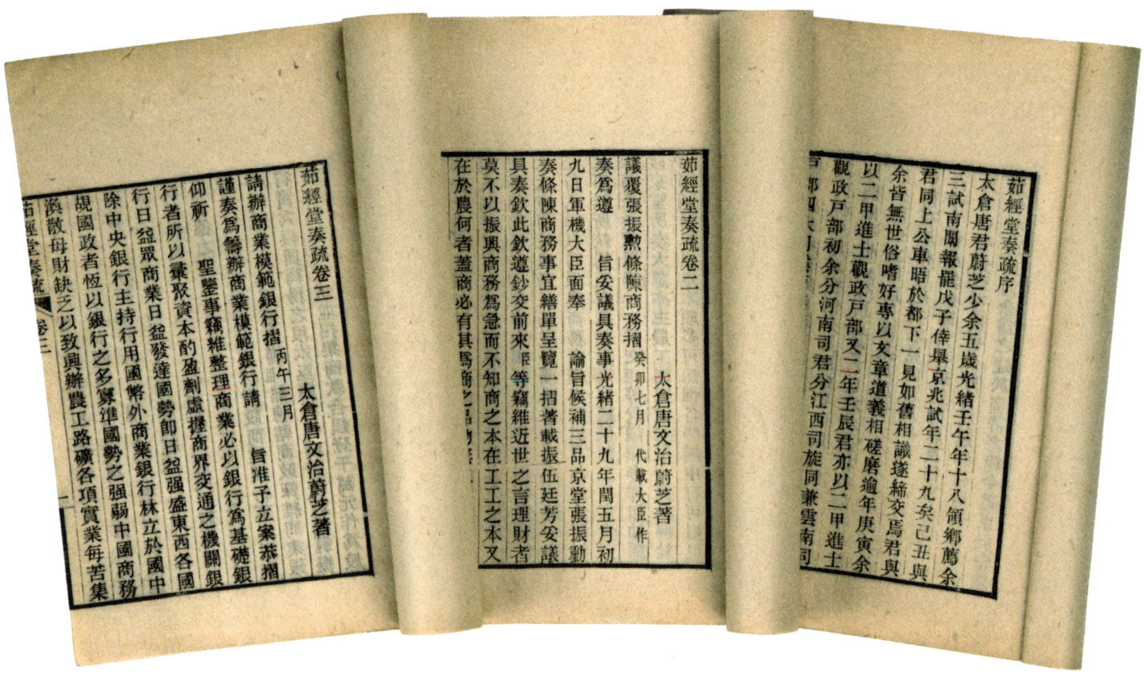

1

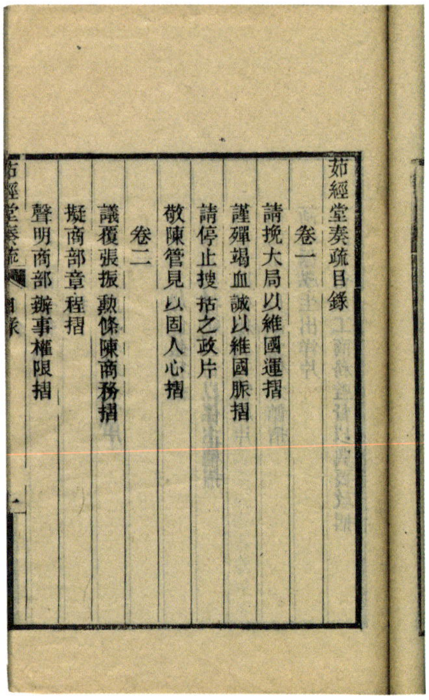

2

3

唐文治著《茹经堂奏疏》

每册长24.5厘米，宽15.5厘米
本馆旧藏

全三册，每册各一卷，1927年木刻印刷本。前有王清穆、王典章、唐文治序。收录唐文治光绪年间在京任职时所撰奏疏21篇，首卷内容多条陈时务，二、三卷为所作章程、条例等。

1. 序及部分卷册首页
2. 目录首页

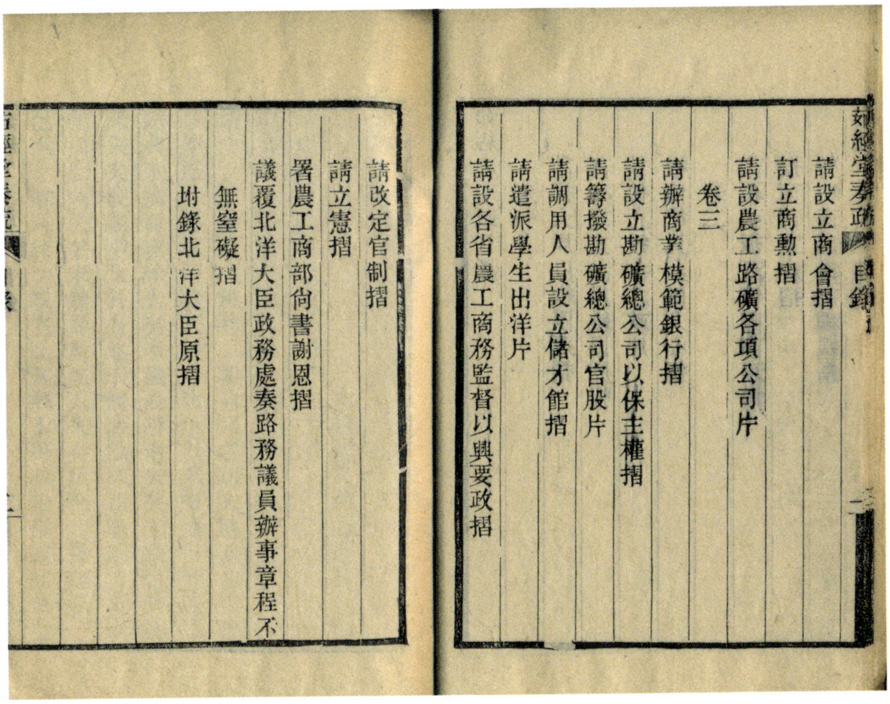
茹經堂奏疏　目錄
請設立商會摺
訂立商勲摺
請設農工路礦各項公司片
卷三
請辦商業模範銀行摺
請設立勘礦總公司以保主權摺
請籌撥勘礦總公司官股片
請調用人員設立儲才館摺
請遣派學生出洋片
請設各省農工商務監督以興要政摺
請改定官制摺
請立憲摺
署農工商部尚書謝恩摺
議覆北洋大臣政務處奏路務議員辦事章程不
無窒礙摺
坿錄北洋大臣原摺
茹經堂奏疏　目錄

3

3. 目录尾页
4. 卷一首页
5. 卷二首页
6. 卷三首页

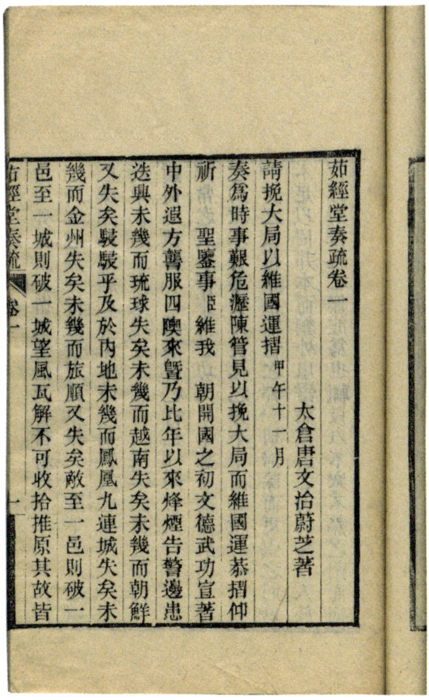
茹經堂奏疏卷一　太倉唐文治蔚芝著
請挽大局以維國運摺 甲午十一月
奏爲時事艱危瀝陳管見以挽大局而維國運恭摺仰
祈
聖鑒事臣維我　朝開國之初文德武功宣著
中外遐方讋服四隩來暨乃比年以來烽煙告警邊患
迭興未幾而琉球失矣未幾而越南失矣未幾而朝鮮
又失矣駸駸乎及於內地未幾而鳳凰九連城失矣未
幾而金州失矣未幾而旅順又失矣敵至一邑則破一
邑至一城則破一城望風瓦解不可收拾推原其故皆
茹經堂奏疏　卷一　一

4

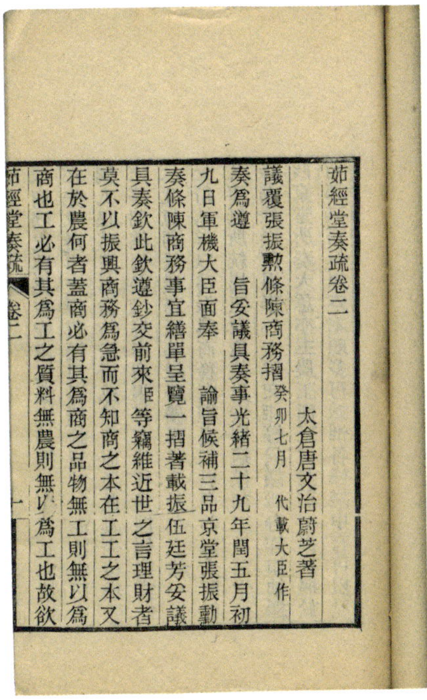
茹經堂奏疏卷二　太倉唐文治蔚芝著
議覆張振勲條陳商務摺 癸卯七月 代載大臣作
奏爲遵　旨妥議具奏事光緒二十九年閏五月初
九日軍機大臣面奉　諭旨候補三品京堂張振勳
奏條陳商務事宜繕單呈覽一摺著載振伍廷芳妥議
具奏欽此欽遵鈔交前來臣等竊維近世之言理財者
莫不以振興商務爲急而不知商之本在工工之本又
在於農何者蓋商必有其爲商之品物無工則無以爲
商也工必有其爲工之質料無農則無以爲工也故欲
茹經堂奏疏　卷二　一

5

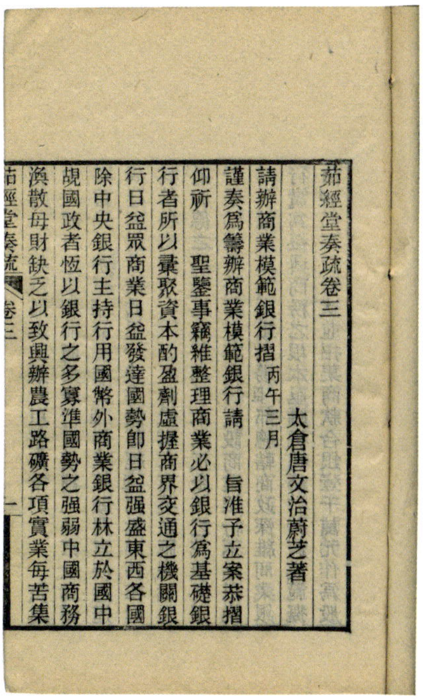
茹經堂奏疏卷三　太倉唐文治蔚芝著
請辦商業模範銀行摺 丙午三月
謹奏爲籌辦商業模範銀行請　旨准予立案恭摺
仰祈
聖鑒事竊維整理商業必以銀行爲基礎銀
行者所以彙聚資本酌盈劑虛握商界交通之機關銀
行日盛商業日益發達國勢卽日益强盛東西各國
除中央銀行主持行用國幣外商業銀行林立於國中
覘國政者恆以銀行之多寡準國勢之强弱中國商務
渙散母財缺乏以致興辦農工路礦各項實業每苦集
茹經堂奏疏　卷三　一

6

4

唐文治著
《阳明学术发微》

长26厘米，宽15.3厘米
本馆旧藏

全一册，1933年铅印本，为《茹经堂丛书》之一。前有唐文治自序。共七卷，分别为：卷一《阳明讲学事迹考》，卷二《阳明圣学宗传》，卷三《阳明学四大题》，卷四《阳明学贯通经学变化神明》，卷五、卷六《阳明学通于朱子学》，卷七《王龙溪述阳明学髓》。

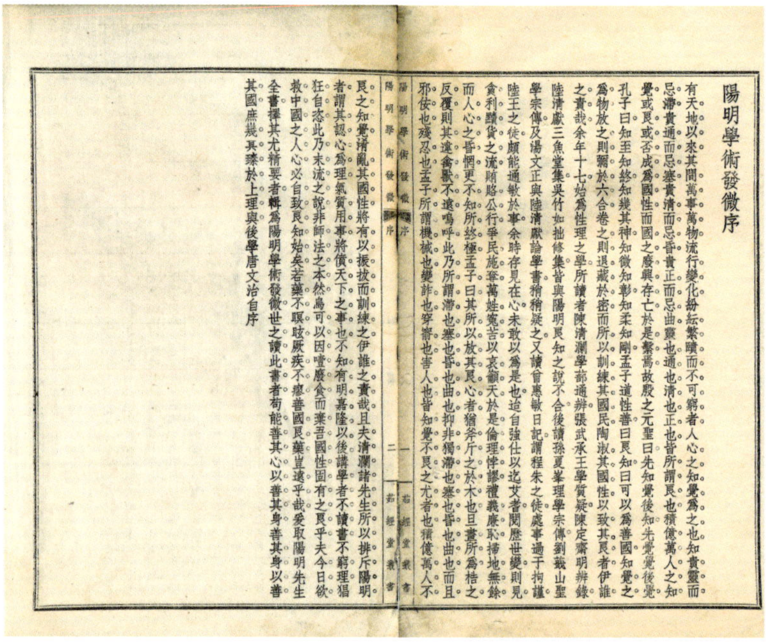

陽明學術發微序

有天地以來其間萬事萬物流行變化紛紜繁賾而不可窮者人心之知覺爲之也知貴靈而忌滯貴通而忌塞貴清而忌昏貴正而忌曲靈也通也清也正也皆所謂良也積億萬人之知覺或良或否成爲國性而國之廢興存亡於是繫焉故殷之元聖曰先知覺後知先覺覺後覺孔子曰知至知終知幾其神知微知彰知柔知剛孟子道性善曰良知曰可以爲善國知覺之爲物放之則彌於六合卷之則退藏於密而所以訓練其國民陶淑其國性以致其良者伊誰之責哉余年十七始爲性理之學所讀者陳清瀾學蔀通辨張武承王學質疑陳定齋明辨錄陸清獻三魚堂集吳竹如拙修集皆與陽明良知之說不合後讀孫夏峯理學宗傳劉蕺山聖學宗傳及湯文正與陸清獻論學書稍稍疑之又讀曾惠敏日記謂程朱之徒處事過于拘謹陸王之徒頗能通敏於事余時存見在心未敢以爲是也迨自強仕以迄艾耆閱歷世變則見貪利黷貨之流賄賂公行爭民施奪萬姓冤苦以哀籲天於是倫理悖謬禮義廉恥掃地無餘而人心之昏惘更不知所終極孟子曰其所以放其良心者猶斧斤之於木也旦晝所爲梏之反覆則其違禽獸不遠嗚呼此乃所謂滯也塞也昏也曲也抑非獨滯也塞也昏也曲也而且邪佞也殘忍也孟子所謂機械也變詐也穿窬也害人也皆知覺不良之尤者也積億萬人不良之知覺淆亂其國性將有以振拔而訓練之伊誰之責哉且夫清瀾諸先生所以排斥陽明者謂其認心爲理氣質用事將僨天下之事也不知有明嘉隆以後講學者不讀書不窮理猖狂自恣此乃末流之說非師法之本然烏可以因噎廢食而棄吾國性固有之良乎夫今日欲救中國之人心必自致良知始矣若藥不瞑眩厥疾不瘳善國良藥豈遠乎哉爰取陽明先生全書擇其尤精要者輯爲陽明學術發微世之讀此書者苟能善其心以善其身善其身以善其國庶幾其臻於上理與後學唐文治自序

陽明學術發微 序 一 茹經堂叢書

陽明學術發微 序 二 茹經堂叢書

1

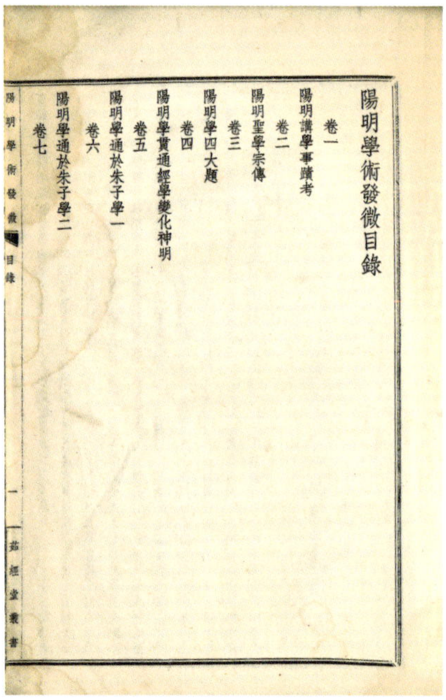

陽明學術發微目錄

陽明學術發微 目錄 一 茹經堂叢書

2

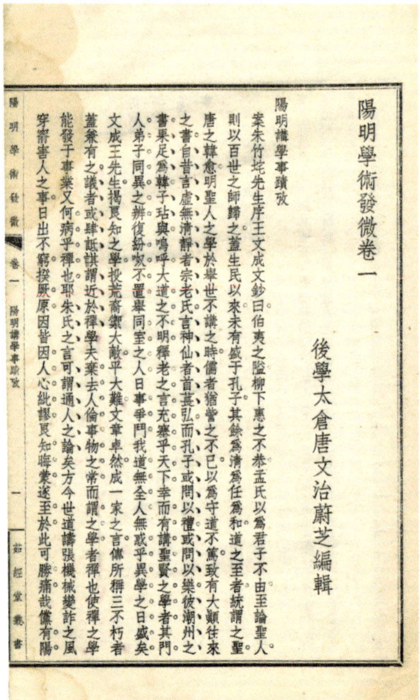

陽明學術發微卷一

後學太倉唐文治蔚芝編輯

陽明講學事蹟攷

案朱竹垞先生序王文成文鈔曰伯夷之隘柳下惠之不恭孟氏以爲君子不由至論聖人則以百世之師歸之蓋生民以來未有盛于孔子其餘爲清爲任爲和道之至者統謂之聖唐之韓愈明聖人之學於舉世不講之時儒者猶訾之不已以爲守道不篤致有大顛往來之書自昔言虛無清靜者宗老氏言神仙者首葛弘而孔子或問以禮或問以樂彼潮州之書果足爲韓子玷與嗚呼大道之不明釋老之言充塞乎天下幸而有講聖賢之學者其門人弟子同異之辨復紛呶不置舉同室之人日事爭鬥我道無全人無惑乎異學之日盛矣文成王先生揭良知之學投荒裔禦大敵平大難文章卓然成一家之言儒所稱三不朽者蓋兼有之議者或肆詆諆謂近於禪學夫棄去人倫事物之常而謂之學者禪也使禪之學能發于事業又何病乎禪也耶朱氏之言可謂通人之論矣方今世道譸張機械變詐之風穿窬害人之事日出不窮揆厥原因皆因人心紕繆良知晦蒙遂至於此可勝痛哉儻有陽

陽明學術發微 卷一 陽明講學事蹟攷 一 茹經堂叢書

3

1. 序
2. 目录
3. 正文首页

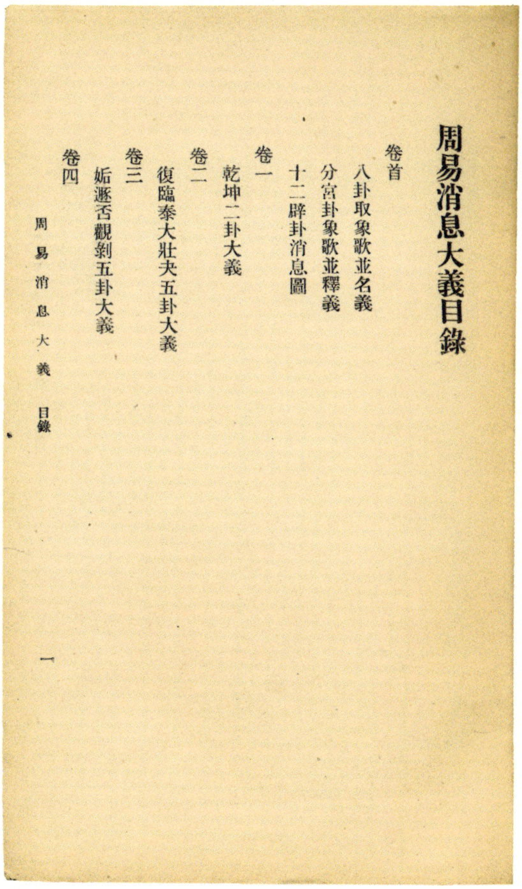
周易消息大義目錄

卷首
八卦取象歌並名義
分宮卦象歌並釋義
十二辟卦消息圖
卷一
乾坤二卦大義
卷二
復臨泰大壯夬五卦大義
卷三
姤遯否觀剝五卦大義
卷四

周易消息大義　目錄　一

2

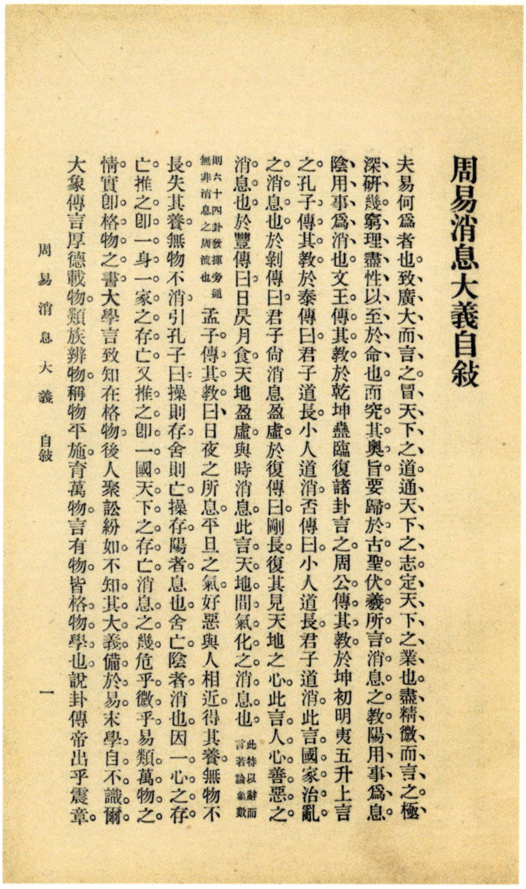
周易消息大義自敘

夫易何爲者也致廣大而言之冒天下之道通天下之志定天下之業也盡精微而言之極深研幾窮理盡性以至於命也而究其奧旨要歸於古聖伏羲所言消息之教陽用事爲息陰用事爲消也文王傳其教於乾坤蠱臨復諸卦言之周公傳其教於坤初明夷五升上言之孔子傳其教於泰傳曰君子道長小人道消否傳曰小人道長君子道消此言國家治亂之消息也於剝傳曰君子尙消息盈虛於復傳曰剛長復其見天地之心此言人心善惡之消息也於豐傳曰日昃月食天地盈虛與時消息此言天地間氣化之消息也（此特以辭而言若論象數則六十四卦發揮旁通無非消息之周流也）孟子傳其教曰日夜之所息平旦之氣好惡與人相近得其養無物不長失其養無物不消引孔子曰操則存舍則亡操存陽者息也舍亡陰者消也因一心之存亡推之即一身一家之存亡又推之即一國天下之存亡消息之幾危乎微乎易類萬物之情實即格物之書大學言致知在格物後人聚訟紛如不知其大義備於易末學自不識爾大象傳言厚德載物類族辨物稱物平施育萬物言有物皆格物學也說卦傳帝出乎震章

周易消息大義　自敘　一

3

1. 封面
2. 目录
3. 自叙

5

唐文治著《周易消息大义》

长22.4厘米，宽14.8厘米
本馆旧藏

全一册，1934年铅印本，为《无锡国学专修学校丛书》之六。前有唐文治自叙，共五卷，分别为：卷首《〈八卦取象歌〉并名义》《〈分宫卦象歌〉并释义》《十二辟卦消息图》；卷一《〈乾〉〈坤〉二卦大义》；卷二《〈复〉〈临〉〈泰〉〈大壮〉〈夬〉五卦大义》；卷三《〈姤〉〈遯〉〈否〉〈观〉〈剥〉五卦大义》；卷四《学〈易〉反身录》、〈周易〉应读书目表》。

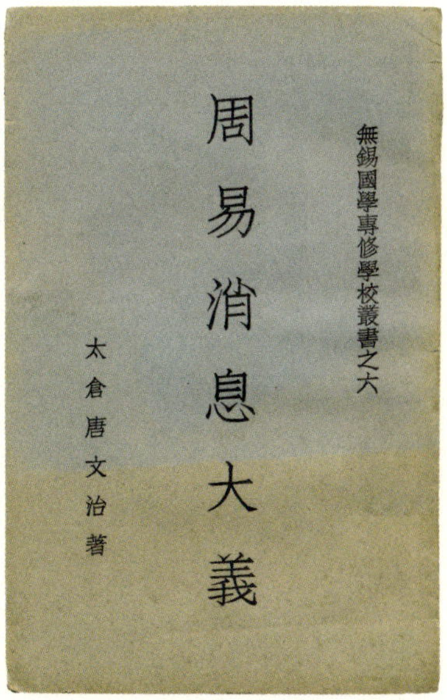

1

唐文治著
《茹经先生自订年谱》

长22.7厘米，宽15厘米
本馆旧藏

全一册，1935年无锡国学专修学校学生会铅印本。前有《世系》及《年谱题辞》，末有冯振跋。年谱为唐文治自叙出生至七十岁之生平事迹。

1. 封面
2. 世系
3. 题辞
4. 正文首页

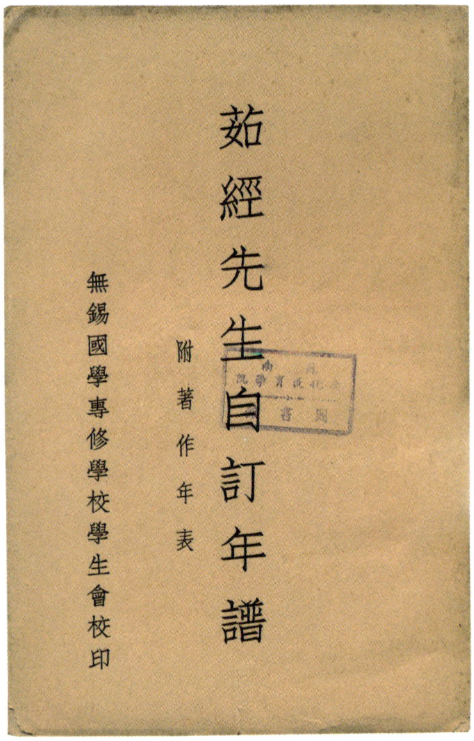
茹經先生自訂年譜
附著作年表
無錫國學專修學校學生會校印

1

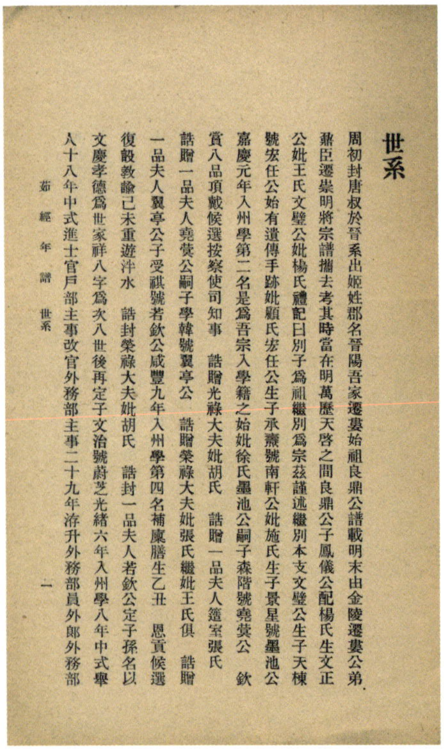
世系

周初封唐叔於晉系出姬姓郡名晉陽吾家遷婁始祖良鼎公譜載明末由金陵遷婁公弟鼐臣遷崇明將宗譜攜去考其時當在明萬歷天啓之間良鼎公子鳳儀公配楊氏生文正公妣王氏文璧公妣楊氏禮記曰別子爲祖繼別爲宗茲謹述繼別本支文璧公生子天棟號宏任公始有遺傳手跡妣顧氏宏任公生子承齋號南軒公妣施氏生子景星號墨池公嘉慶元年入州學第二名是爲吾宗入學籍之始妣徐氏墨池公嗣子森階號堯蓂公　欽賞八品頂戴候選按察使司知事　誥贈光祿大夫妣胡氏　誥贈一品夫人簉室張氏誥贈一品夫人堯蓂公嗣子學韓號翼亭公　誥贈榮祿大夫妣張氏繼妣王氏俱　誥贈一品夫人翼亭公子受祺號若欽公咸豐九年入州學第四名補廩膳生乙丑　恩貢候選復設教諭己未重遊泮水　誥封榮祿大夫妣胡氏　誥封一品夫人若欽公定子孫名以文慶孝德爲世家祥八字爲次八世後再定子文治號蔚芝光緒六年入州學八年中式舉人十八年中式進士官戶部主事改官外務部主事二十九年洊升外務部員外郎外務部

茹經年譜　世系　一

2

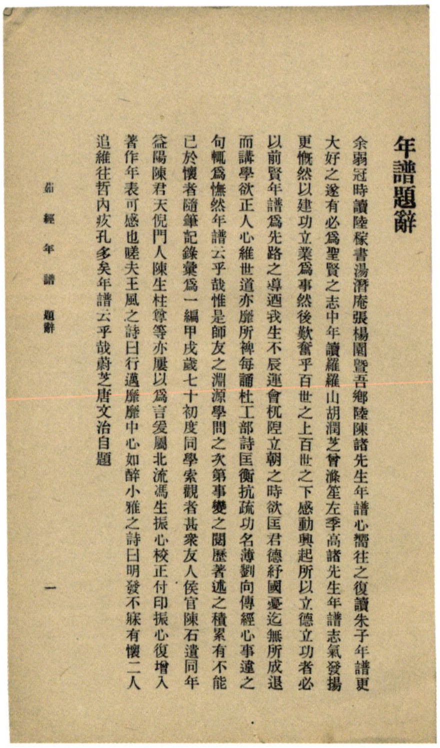
年譜題辭

余弱冠時讀陸稼書湯潛庵張楊園暨吾鄉陸陳諸先生年譜心嚮往之復讀朱子年譜更大好之遂有必爲聖賢之志中年讀羅羅山胡潤芝曾滌笙左季高諸先生年譜志氣發揚更慨然以建功立業爲事然後歎奮乎百世之上百世之下感動興起所以立德立功者必以前賢年譜爲先路之導迺我生不辰運會杌隉立朝之時欲匡君德紓國憂迄無所成退而講學欲正人心維世道亦靡所裨每誦杜工部詩匡衡抗疏功名薄劉向傳經心事違之句輒爲憮然年譜云乎哉惟是師友之淵源學問之次第事變之閱歷著述之積累有不能已於懷者隨筆記錄彙爲一編甲戌歲七十初度同學索觀者甚衆友人侯官陳石遺同年益陽陳君天倪門人陳生柱尊等亦屢以爲言爰屬北流馮生振心校正付印振心復增入著作年表可感也嗟夫王風之詩曰行邁靡靡中心如醉小雅之詩曰明發不寐有懷二人追維往哲內疚孔多矣年譜云乎哉蔚芝唐文治自題

茹經年譜　題辭　一

3

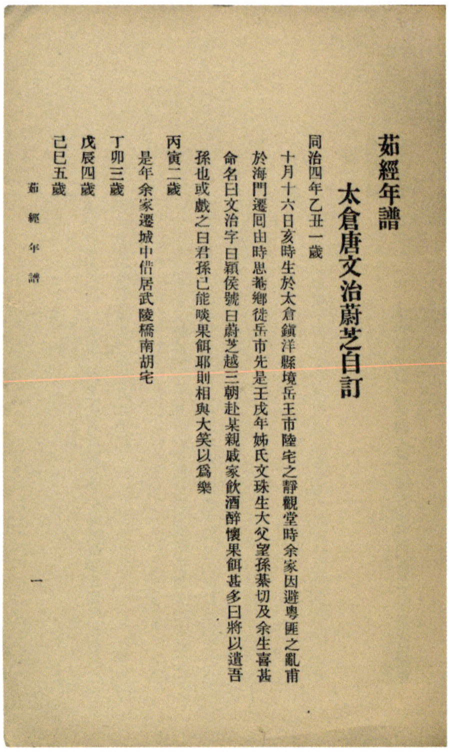
茹經年譜

太倉唐文治蔚芝自訂

同治四年乙丑一歲

十月十六日亥時生於太倉鎮洋縣境岳王市陸宅之靜觀堂時余家因避粵匪之亂甫於海門遷回由時思菴鄉徙岳市先是壬戌年姊氏文珠生大父望孫綦切及余生喜甚命名曰文治字曰穎侯號曰蔚芝越三朝赴某親戚家飲酒醉懷果餌甚多曰將以遺吾孫也或戲之曰君孫已能啖果餌耶則相與大笑以爲樂

丙寅二歲

是年余家遷城中借居武陵橋南胡宅

丁卯三歲

戊辰四歲

己巳五歲

茹經年譜　一

4

7

唐文治著
《尚书大义》

长22.5厘米，宽15.2厘米
本馆旧藏

全一册，1936年铅印本，为《无锡国学专修学校丛书》之十二。前有唐文治自叙，书分外、内两篇，外篇共12篇，为考辨之文，叙今古文源流；内篇共20篇，为论说之文，阐发《尚书》精义，多有先儒未道者。

1. 目录一
2. 目录二
3. 正文首页

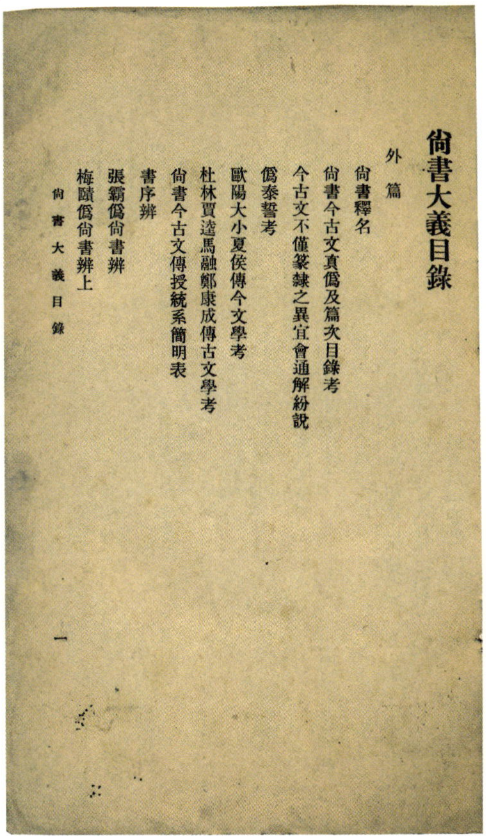
尚書大義目錄
外篇
尚書釋名
尚書今古文真僞及篇次目錄考
今古文不僅篆隸之異宜會通解紛說
僞泰誓考
歐陽大小夏侯傳今文學考
杜林賈逵馬融鄭康成傳古文學考
尚書今古文傳授統系簡明表
書序辨
張霸僞尚書辨
梅賾僞尚書辨上
尚書大義目錄 一

1

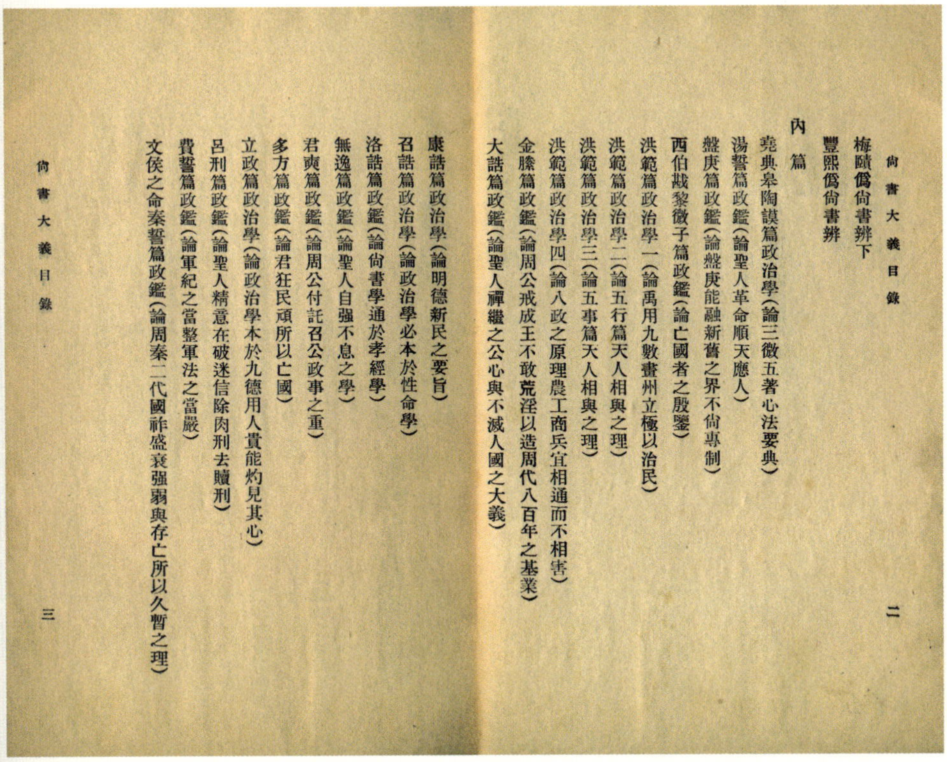
梅賾僞尚書辨下
豐熙僞尚書辨
內篇
堯典皋陶謨篇政治學（論三徵五著心法要典）
湯誓篇政鑑（論聖人革命順天應人）
盤庚篇政鑑（論盤庚能融新舊之界不尚專制）
西伯戡黎微子篇政鑑（論亡國者之殷鑒）
洪範篇政治學一（論禹用九數晝州立極以治民）
洪範篇政治學二（論五行篇天人相與之理）
洪範篇政治學三（論五事篇天人相與之理）
洪範篇政治學四（論八政之原理農工商兵宜相通而不相害）
金縢篇政鑑（論周公戒成王不敢荒淫以造周代八百年之基業）
大誥篇政鑑（論聖人禪繼之公心與不滅人國之大義）
尚書大義目錄 二
康誥篇政治學（論明德新民之要旨）
召誥篇政治學（論政治學必本於性命學）
洛誥篇政鑑（論尚書學通於孝經學）
無逸篇政鑑（論聖人自强不息之學）
君奭篇政鑑（論周公付託召公政事之重）
多方篇政鑑（論君狂民頑所以亡國）
立政篇政治學（論政治學本於九德用人貴能灼見其心）
呂刑篇政鑑（論聖人精意在破迷信除肉刑去贖刑）
費誓篇政鑑（論軍紀之當整軍法之當嚴）
文侯之命秦誓篇政鑑（論周秦二代國祚盛衰强弱與存亡所以久暫之理）
尚書大義目錄 三

2

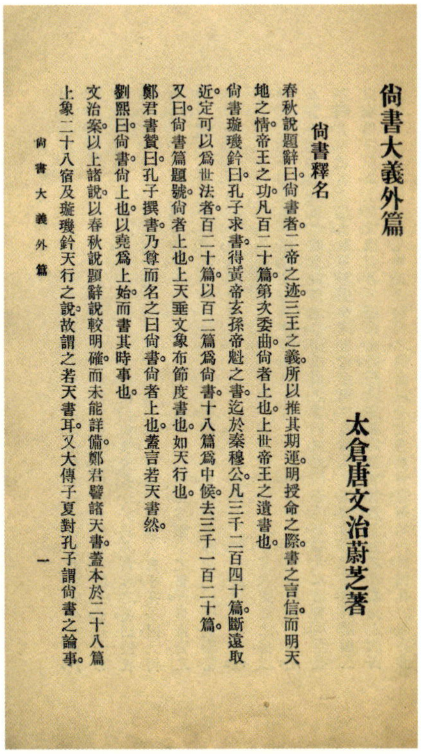
尚書大義外篇
太倉唐文治蔚芝著
尚書釋名
春秋說題辭曰。尚書者。二帝之迹。三王之義。所以推其期運。明授命之際。書之言信。而明天地之情。帝王之功。凡百二十篇。第次委曲。尚者上也。上世帝王之遺書也。
尚書璇璣鈐曰。孔子求書。得黃帝玄孫帝魁之書。迄於秦穆公。凡三千二百四十篇。斷遠取近。定可以爲世法者。百二十篇。以百二篇爲尚書。十八篇爲中候。去三千一百二十篇。
又曰。尚書篇題號。尚者上也。上天垂文象布節度書也。如天行也。
鄭君書贊曰。孔子撰書。乃尊而名之曰尚書。尚者上也。蓋言若天書然。
劉熙曰。尚書。尚上也。以堯爲上始。而書其時事也。
文治案。以上諸說。以春秋說題辭說較明確。而未能詳備。鄭君譬諸天書。蓋本於二十八篇上象二十八宿及璇璣鈐天行之說。故謂之若天書耳。又大傳子夏對孔子謂尚書之論事。
尚書大義外篇 一

3

8

唐文治著
《性理学大义》

每册长25.9厘米，宽15厘米
本馆旧藏

全二册，1936年铅印本，为《无锡国学专修学校丛书》之十三。书共五大部分，分别为：《周子大义二卷》《二程子大义二卷》《张子大义一卷》《洛学传授大义一卷》《朱子大义八卷》。每卷各冠以叙文及传状，发明大义。

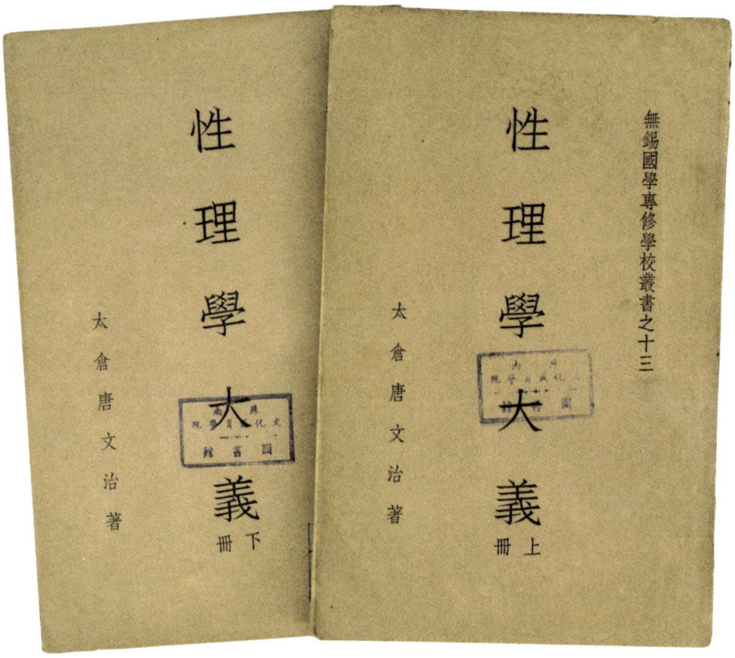

1

1. 封面
2. 目录
3. 上册首页
4. 下册首页

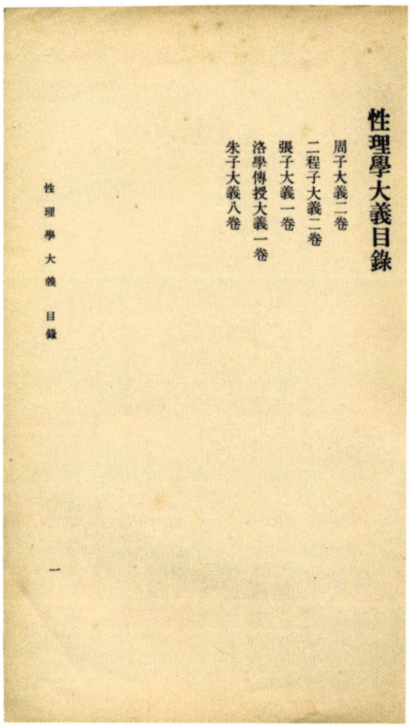

性理學大義目錄

周子大義二卷
二程子大義二卷
張子大義一卷
洛學傳授大義一卷
朱子大義八卷

性理學大義　目錄　一

2

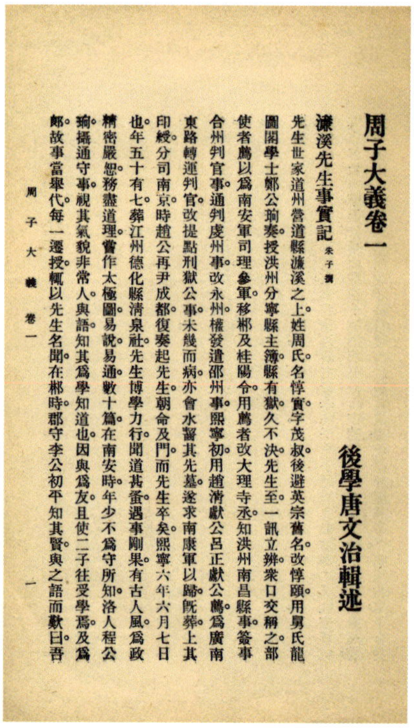

周子大義卷一　後學唐文治輯述

濂溪先生事實記 朱子撰

先生世家道州營道縣濂溪之上。姓周氏。名惇實。字茂叔。後避英宗舊名。改惇頤。用舅氏龍圖閣學士鄭公珦奏。授洪州分寧縣主簿。縣有獄。久不決。先生至。一訊立辨。衆口交稱之。部使者薦以爲南安軍司理參軍。移郴及桂陽令。用薦者改大理寺丞。知洪州南昌縣事。簽事合州判官事。通判虔州事。改永州。權發遣邵州事。熙寧初。用趙清獻公呂正獻公薦。爲廣南東路轉運判官。改提點刑獄公事。未幾而病。亦會水齧其先墓。遂求南康軍以歸。既葬。上其印綬。分司南京。時趙公再尹成都。復奏起先生。朝命及門。而先生卒矣。熙寧六年六月七日也。年五十有七。葬江州德化縣清泉社。先生博學力行。聞道甚蚤。遇事剛果。有古人風。爲政精密嚴恕。務盡道理。嘗作太極圖。易說。易通。數十篇。在南安時。年少不爲守所知。洛人程公珦攝通守事。視其氣貌非常人。與語。知其爲學知道也。因與爲友。且使二子往受學焉。及爲郎。故事當舉代。每一遷授。輒以先生名聞。在郴時。郡守李公初平知其賢。與之語而歎曰。吾

周子大義　卷一　一

3

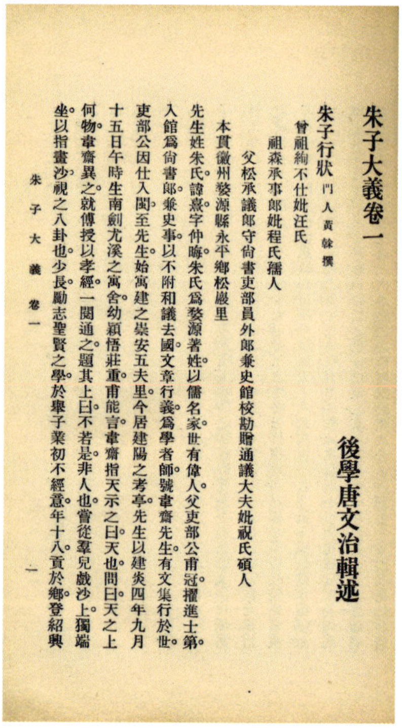

朱子大義卷一　後學唐文治輯述

朱子行狀 門人黃榦撰

曾祖絢不仕妣汪氏
祖森承事郎妣程氏孺人
父松承議郎守尚書吏部員外郎兼史館校勘贈通議大夫妣祝氏碩人
本貫徽州婺源縣永平鄉松巖里

先生姓朱氏。諱熹。字仲晦。朱氏爲婺源著姓。以儒名家。世有偉人。父吏部公甫冠。擢進士第。入館爲尚書郎。兼史事。以不附和議去國。文章行義。爲學者師。號韋齋先生。有文集行於世。吏部公因仕入閩。至先生。始寓建之崇安五夫里。今居建陽之考亭。先生以建炎四年九月十五日午時生南劍尤溪之寓舍。幼穎悟莊重。甫能言。韋齋指天示之曰。天也。問曰。天之上何物。韋齋異之。就傳授以孝經。一閱通之。題其上曰。不若是。非人也。嘗從羣兒戲沙上。獨端坐。以指畫沙。視之八卦也。少長。勵志聖賢之學。於舉子業初不經意。年十八。貢於鄉。登紹興

朱子大義　卷一　一

4

9

唐文治著
《茹经堂文集三编》

每册长25.8厘米，宽15厘米
本馆旧藏

全二册，八卷，1938年铅印本。前有陈衍、冯振序，后有朱颂韩跋。收录文章170篇：卷一“杂著类”13篇，卷二“政论类”13篇，卷三“经说类”19篇，卷四“赠序寿序类、书类”9篇，卷五“序跋类”41篇，卷六“记类”10篇，卷七“传状类”27篇，卷八“碑铭类”38篇。

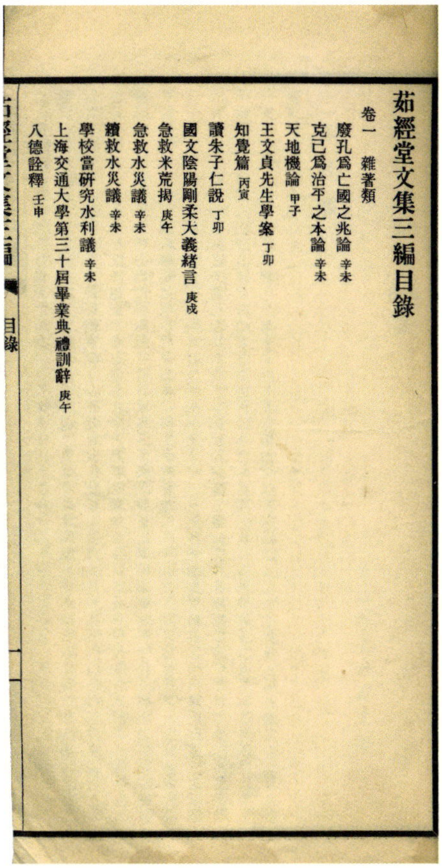
茹經堂文集三編目錄

卷一　雜著類

廢孔爲亡國之兆論　辛未
克己爲治平之本論　辛未
天地機論　甲子
王文貞先生學案　丁卯
知覺篇　丙寅
讀朱子仁說　丁卯
國文陰陽剛柔大義緒言　庚戌
急救米荒揭　庚午
急救水災議　辛未
續救水災議　辛未
學校當研究水利議　辛未
上海交通大學第三十届畢業典禮訓辭　庚午
八德詮釋　壬申

1

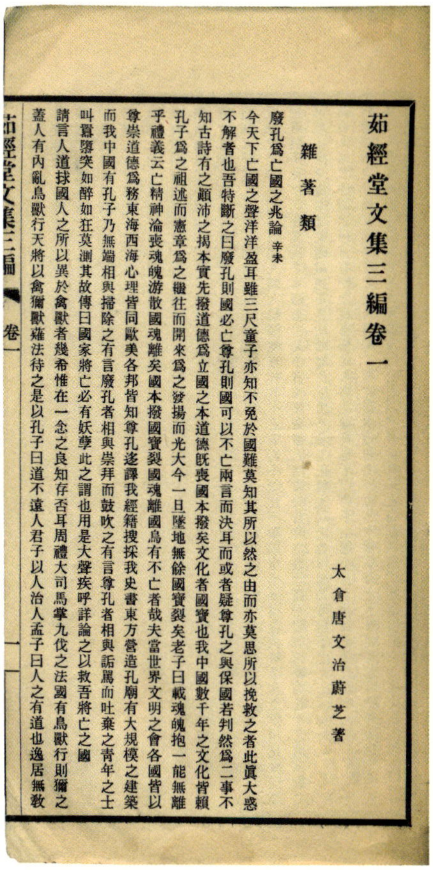
茹經堂文集三編卷一

太倉唐文治蔚芝著

雜著類

廢孔爲亡國之兆論　辛未

今天下亡國之聲洋洋盈耳雖三尺童子亦知不免於國難莫知其所以然之由而亦莫思所以挽救之者此眞大惑不解者也吾特斷之曰廢孔則國必亡尊孔則國可以不亡兩言而決耳而或者疑尊孔之與保國若判然爲二事不知古詩有之顚沛之揭本實先撥道德爲立國之本道德旣喪國本撥矣文化者國寶也我中國數千年之文化皆賴孔子爲之祖述而憲章爲之繼往而開來爲之發揚而光大今一旦墜地無餘國寶裂矣老子曰載魂魄抱一能無離乎禮義云亡精神淪喪魂魄游散國魂離矣國本撥國寶裂國魂離國烏有不亡者哉夫當世界文明之會各國皆以尊崇道德爲務東海西海心理皆同歐美各邦皆知尊孔遂譯我經籍搜採我史書東方營造孔廟有大規模之建築而我中國有孔子乃無端相與掃除之有言廢孔者相與崇拜而鼓吹之有言尊孔者相與詬罵而吐棄之青年之士叫囂隳突如醉如狂莫測其故傳曰國家將亡必有妖孽此之謂也用是大聲疾呼詳論之以救吾將亡之國

請言人道球國人之所以異於禽獸者幾希惟在一念之良知存否耳周禮大司馬掌九伐之法國有鳥獸行則獮之蓋人有內亂鳥獸行天將以禽獮獸薙法待之是以孔子曰道不遠人君子以人治人孟子曰人之有道也逸居無教

2

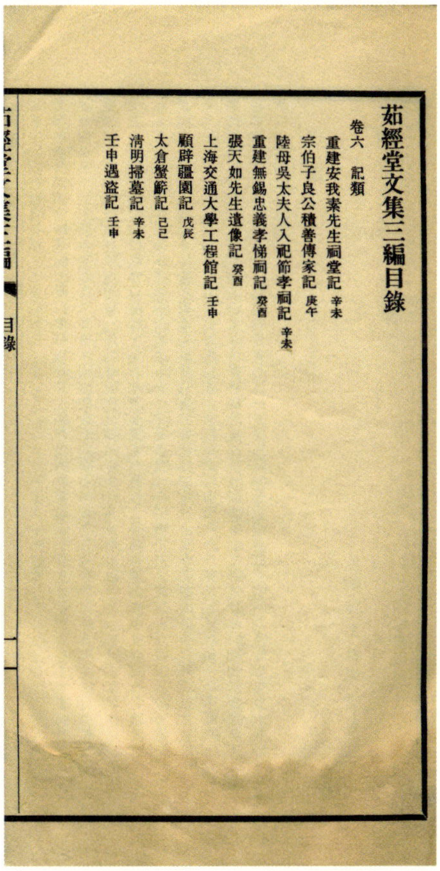
茹經堂文集三編目錄

卷六　記類

重建安我素先生祠堂記　辛未
宗伯子良公積善傳家記　庚午
陸母吳太夫人入祀節孝祠記　辛未
重建無錫忠義孝悌祠記　癸酉
張天如先生遺像記　癸酉
上海交通大學工程館記　壬申
顧辟疆園記　戊辰
太倉蟹斷記　己巳
清明掃墓記　辛未
壬申遇盜記　壬申

3

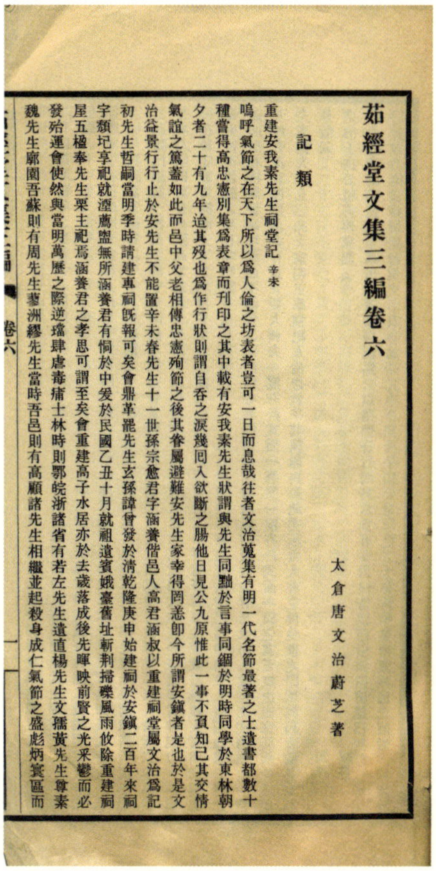
茹經堂文集三編卷六

太倉唐文治蔚芝著

記類

重建安我素先生祠堂記　辛未

嗚呼氣節之在天下所以爲人倫之坊表者豈可一日而息哉往者文治蒐集有明一代名節最著之士遺書都數十種嘗得高忠憲別集爲表章而刊印之其中載有安我素先生狀謂與先生同黜於言事同錮於明時同學於東林朝夕者二十有九年迨其歿也爲作行狀則謂自吞之淚幾回入欲斷之腸他日見公九原惟此一事不負知己其交情氣誼之篤蓋如此而邑中父老相傳忠憲殉節之後其眷屬避難安先生家幸得罔恙卽今所謂安鎭者是也於是文治益景行行止於安先生不能置辛未春先生十一世孫宗愈君字涵養偕邑人高君涵叔以重建祠堂屬文治爲記初先生哲嗣當明季時請建專祠既報可矣會鼎革罷先生玄孫諱曾發於清乾隆庚申始建祠於安鎭二百年來祠宇頹圮享祀就湮薦盥無所涵養君有恫於中爰於民國乙丑十月就祖遺賓娥臺舊址斬荆掃礫風雨攸除重建祠屋五楹奉先生栗主祀焉涵養君之孝思可謂至矣會重建高子水居亦於去歲落成後先暉映前賢之光采鬱而必發殆運會使然與當明萬歷之際逆璫肆虐毒痡士林時則鄂皖浙諸省有若左先生遺直楊先生文孺黃先生尊素魏先生廓園吾蘇則有周先生蓼洲繆先生當時吾邑則有高顧諸先生相繼並起殺身成仁氣節之盛彪炳寰區而

4

1. 卷一目录
2. 第一册正文首页
3. 卷六目录
4. 第二册正文首页

10

唐文治著
《唐蔚芝先生演讲录》
（初至四集）

每册长26.9厘米，宽15.4厘米

本馆旧藏

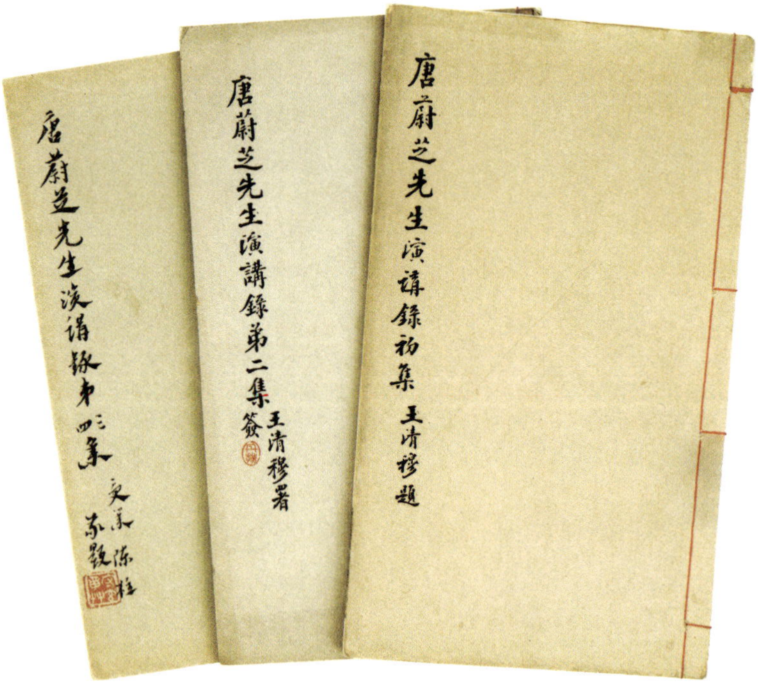

1

共三册，初集、二集各一册，1939年出版；三、四集一册，1940年出版。初集、二集封面影印王清穆题签，三、四集封面影印陈柱题签。三册收录1938年至1939年，唐文治在上海交通大学担任特约讲座时的演讲内容，以经学、心学类为主。

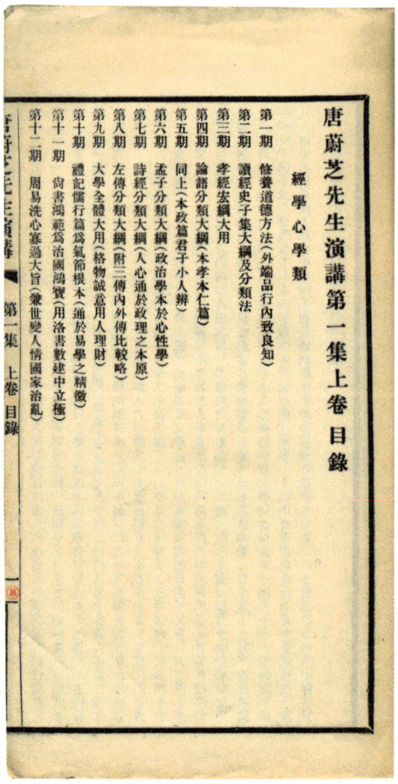

唐蔚芝先生演講第一集上卷目錄

經學心學類

唐蔚芝先生演講　第一集　上卷　目錄

2

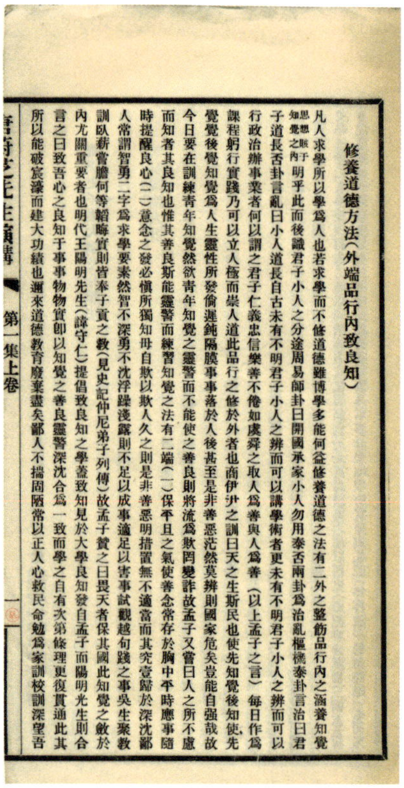

修養道德方法（外端品行內致良知）

凡人求學所以學爲人也若求學而不修道德雖博學多能何益修養道德之法有二外之整飭品行內之涵養知覺（思想眼子知覺之內）明乎此而後識君子小人之分途周易師卦曰開國承家小人勿用泰否兩卦爲治亂樞機泰卦言治曰君子道長否卦言亂曰小人道長自古未有不明君子小人之辨而可以講學術者更未有不明君子小人之辨而可以行政治辦事業者何以謂之君子仁義忠信樂善不倦如虞舜之取人爲善與人爲善（以上孟子之言）每日作爲課程躬行實踐乃可以立人極而崇人道此品行之修於外者也商伊尹之訓曰天之生斯民也使先知覺後知使先覺覺後覺知覺爲人生靈性所發倘遲鈍隔膜事事落於人後甚至是非善惡茫然莫辨則國家危矣豈能自強哉故今日要在訓練青年知覺然欲青年知覺之靈警而不能使之善良則將流爲欺罔變詐故孟子又嘗曰人之所不慮而知者其良知也惟其善良斯能靈警而練習知覺之法有二端（一）保平旦之氣使善念常存於胸中平時應事隨時提醒良心（二）意念之發必慎所獨知毋自欺以欺人久之則是非善惡明措置無不適當而其究壹歸於深沈鄙人常謂智勇二字爲求學要素然智不深勇不沈浮躁淺露則不足以成事適足以害事試觀越句踐之事吳生聚教訓臥薪嘗膽何等韜晦實則皆奉子貢之教（見史記仲尼弟子列傳）故孟子贊之曰畏天者保其國此知覺之斂於內尤關重要者也明代王陽明先生（諱守仁）提倡致良知之學蓋致知見於大學良知發自孟子而陽明先生則合言之曰致吾心之良知于事事物物實卽以知覺之善良靈警深沈合爲一致而學之自有次第條理更復貫通此其所以能破宸濠而建大功績也邇來道德教育廢棄盡矣鄙人不揣固陋常以正人心救民命勉爲家訓校訓深望吾

唐蔚芝先生演講　第一集上卷　一

3

1. 封面
2. 初集目录
3. 初集正文首页

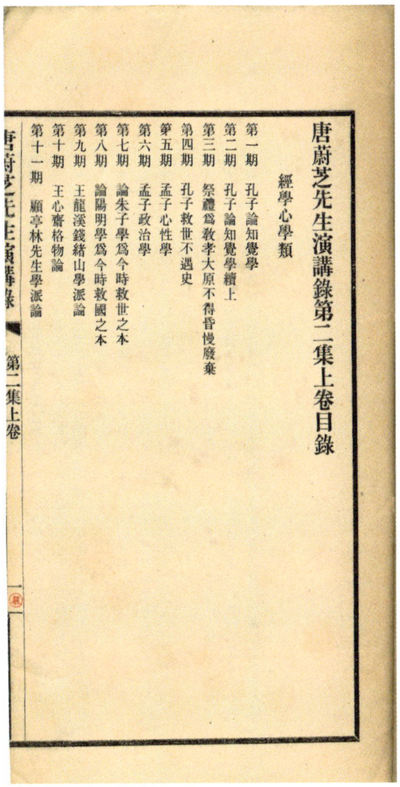

唐蔚芝先生演講錄第二集上卷目錄

經學心學類

第一期　孔子論知覺學
第二期　孔子論知覺學續上
第三期　祭禮為教孝大原不得昏慢廢棄
第四期　孔子救世不遇史
第五期　孟子心性學
第六期　孟子政治學
第七期　論朱子學為今時救世之本
第八期　論陽明學為今時救國之本
第九期　王龍溪錢緒山學派論
第十期　王心齋格物論
第十一期　顧亭林先生學派論

唐蔚芝先生演講錄　第二集上卷　一

4

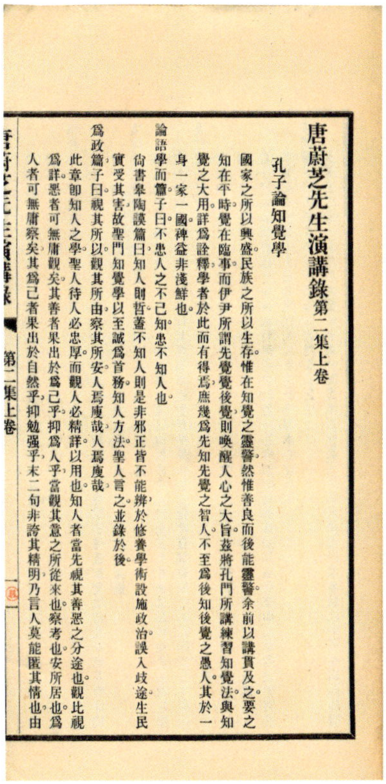

唐蔚芝先生演講錄第二集上卷

孔子論知覺學

國家之所以興盛。民族之所以生存。惟在知覺之靈警。然惟善良而後能靈警。余前以講貫及之。要之知在平時。覺在臨事。而伊尹所謂先覺覺後覺。則喚醒人心之大旨。玆將孔門所講練習知覺法。與知覺之大用。詳為詮釋。學者於此而有得焉。庶幾為先知先覺之智人。不至為後知後覺之愚人。其於一身一家一國。裨益非淺鮮也。

論語學而篇子曰。不患人之不己知。患不知人也。

尚書皋陶謨篇曰。知人則哲。蓋不知人則是非邪正皆不能辨。於修養學術、設施政治。誤入歧途。生民實受其害。故聖門知覺學。以至誠為首務。知人方法。聖人言之。並錄於後。

為政篇子曰。視其所以。觀其所由。察其所安。人焉廋哉。人焉廋哉。

此章即知人之學。聖人待人必忠厚。而觀人必精詳。以用也。知人者當先視其善惡之分途也。觀比視為詳。惡者可無庸觀矣。其善者果出於為己乎。抑為人乎。當觀其意之所從來也。察考也。安所居也。為人者可無庸察矣。其為己者果出於自然乎。抑勉強乎。末二句非誇其精明。乃言人莫能匿其情也。由

唐蔚芝先生演講錄　第二集上卷　一

5

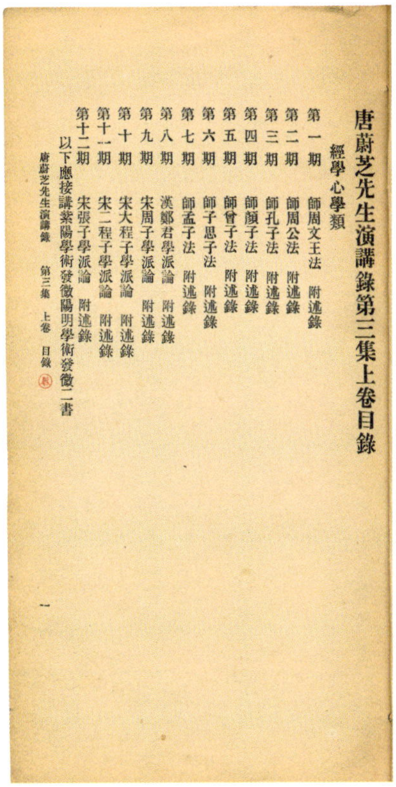

唐蔚芝先生演講錄第三集上卷目錄

經學心學類

第一期　師周文王法　附述錄
第二期　師周公法　附述錄
第三期　師孔子法　附述錄
第四期　師顏子法　附述錄
第五期　師曾子法　附述錄
第六期　師子思子法　附述錄
第七期　師孟子法　附述錄
第八期　漢鄭君學派論　附述錄
第九期　宋周子學派論　附述錄
第十期　宋大程子學派論　附述錄
第十一期　宋二程子學派論　附述錄
第十二期　宋張子學派論　附述錄
以下應接講紫陽學術發微陽明學術發微二書

唐蔚芝先生演講錄　第三集　上卷　目錄　一

6

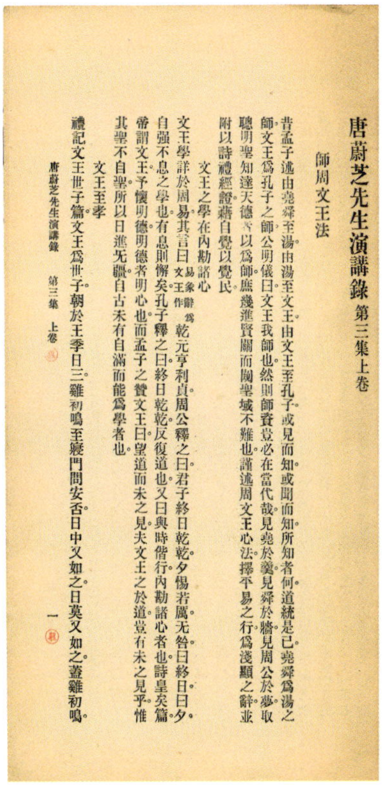

唐蔚芝先生演講錄　第三集上卷

師周文王法

昔孟子述由堯舜至湯。由湯至文王。由文王至孔子。或見而知。或聞而知。所知者何。道統是已。堯舜為湯之師。文王為孔子之師。公明儀曰。文王我師也。然則師資豈必在當代哉。見堯於羹。見舜於牆。見周公於夢。取聰明聖知達天德者以為師。庶幾進賢關而闚聖域不難也。謹述周文王心法。擇平易之行為淺顯之辭。並附以詩禮經證。藉自覺以覺民。

文王之學在內勸諸心

文王學詳於周易。其言曰（易象辭為文王作）乾元亨利貞。周公釋之曰。君子終日乾乾。夕惕若厲。无咎。曰終日。曰夕。自強不息之學也。有息則懈矣。孔子釋之曰。終日乾乾。反復道也。又曰。與時偕行。內勸諸心者也。詩皇矣篇帝謂文王。予懷明德。明德者明心也。而孟子之贊文王曰。望道而未之見。夫文王之於道。豈有未之見乎。惟其聖不自聖。所以日進无疆。自古未有自滿而能為學者也。

文王至孝

禮記文王世子篇。文王為世子。朝於王季日三。雞初鳴。至寢門問安否。日中又如之。日莫又如之。蓋雞初鳴。

唐蔚芝先生演講錄　第三集　上卷　一

7

4. 二集目录
5. 二集正文首页
6. 三集目录
7. 三集正文首页

11

唐文治著
《唐蔚芝先生劝孝编》

长18.2厘米，宽13厘米

本馆旧藏

全一册，1942年铅印本。封面影印严独鹤题签。分为《节文篇》《精意篇》《春晖篇》《立身篇》《不忍篇》《太和篇》《气质篇》《模范篇》《良知篇》《亲疾篇》《报本篇上》《报本篇下》《附录》，共十三个部分。

1. 封面
2. 目录
3. 正文首页
4. 版权页

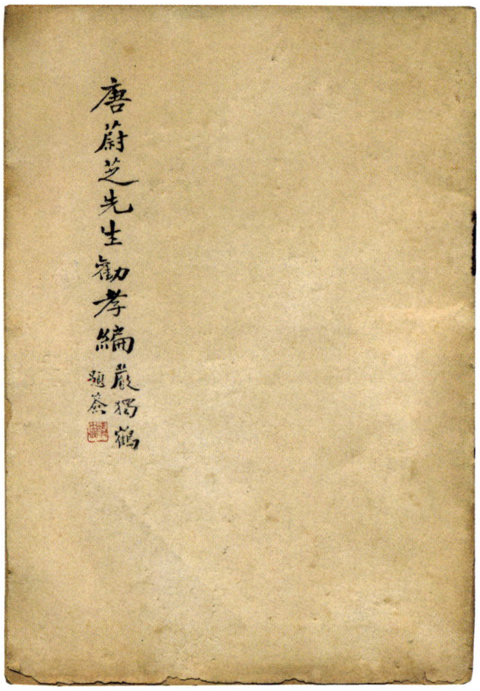

1

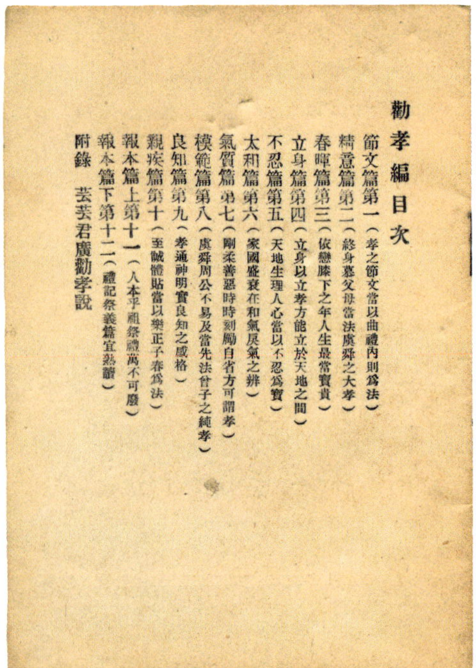

勸孝編目次

節文篇第一（孝之節文當以曲禮內則爲法）
精意篇第二（終身慕父母當法虞舜之大孝）
春暉篇第三（依戀膝下之年人生最當寶貴）
立身篇第四（立身以立孝方能立於天地之間）
不忍篇第五（天地生理人心當以不忍爲寶）
太和篇第六（家國盛衰在和氣戾氣之辨）
氣質篇第七（剛柔善惡時時刻勵自省方可謂孝）
模範篇第八（虞舜周公不易及當先法曾子之純孝）
良知篇第九（孝通神明實良知之感格）
親疾篇第十（至誠體貼當以樂正子春爲法）
報本篇上第十一（人本乎祖祭禮萬不可廢）
報本篇下第十二（禮記祭義篇宜熟讀）
附錄　芸芸君廣勸孝說

2

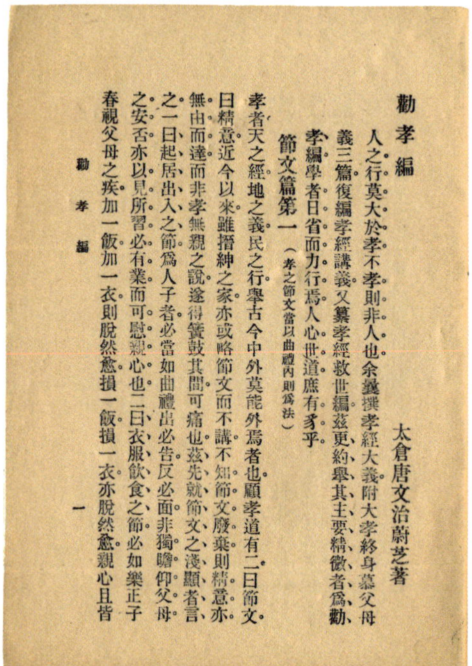

勸孝編　太倉唐文治蔚芝著

人之行莫大於孝不孝則非人也余曩撰孝經大義附大孝終身慕父母義三篇復編孝經講義又纂孝經救世編茲更約舉其主要精徵者爲勸孝編學者日省而力行焉人心世道庶有豸乎

節文篇第一（孝之節文當以曲禮內則爲法）

孝者天之經地之義民之行舉古今中外莫能外焉者也顧孝道有二曰節文曰精意近今以來雖搢紳之家亦或略節文而不講不知節文廢棄則精意亦無由而達而非孝無親之說遂得鼓其間可痛也茲先就節文之淺顯者言之一曰起居出入之節爲人子者必當如曲禮出必告反必面非獨瞻仰父母之安否亦以見所習必有業而可慰親心也二曰衣服飲食之節必如樂正子春視父母之疾加一飯加一衣則脫然愈損一飯損一衣亦脫然愈親心且皆

勸孝編　一

3

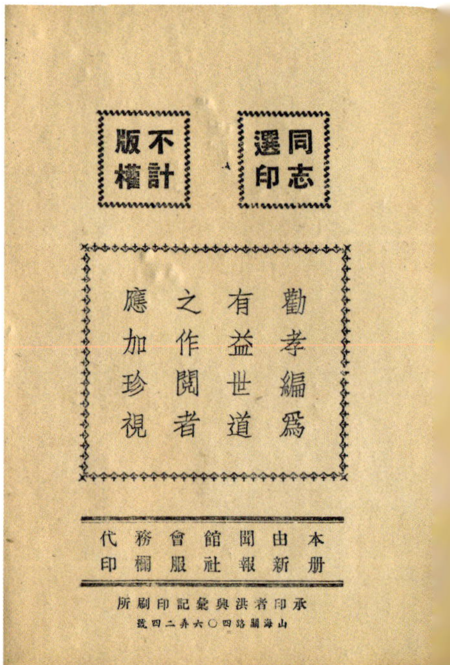

同志選印

不計版權

勸孝編爲有益世道之作閱者應加珍視

本册由新聞報館社會服務欄代印

承印者洪興彙記印刷所　山海關路四〇六弄二四號

4

12

唐文治著
《唐蔚芝先生劝善编》

长18.3厘米，宽12.6厘米

本馆旧藏

全一册，民国年间铅印本。分为《劝善救民篇》《说雪哀民篇》《慈幼保种篇》《饿者言》《冻者言》《放赈急救法》《附诗三首》七个部分，末有唐文治跋。

1. 封面
2. 目录
3. 正文首页
4. 跋语

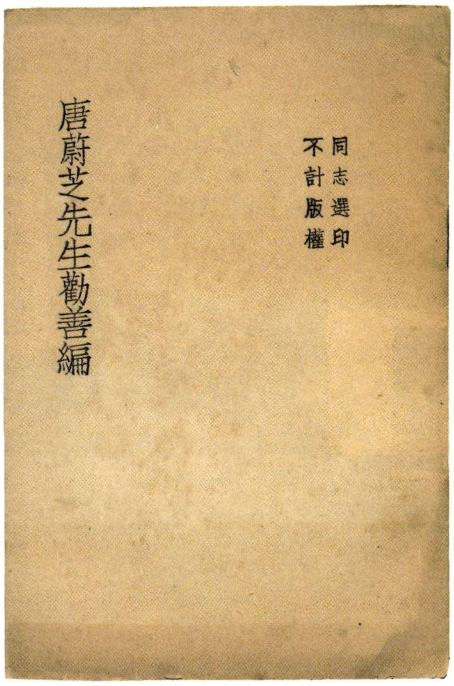
唐蔚芝先生勸善編

同志選印
不計版權

1

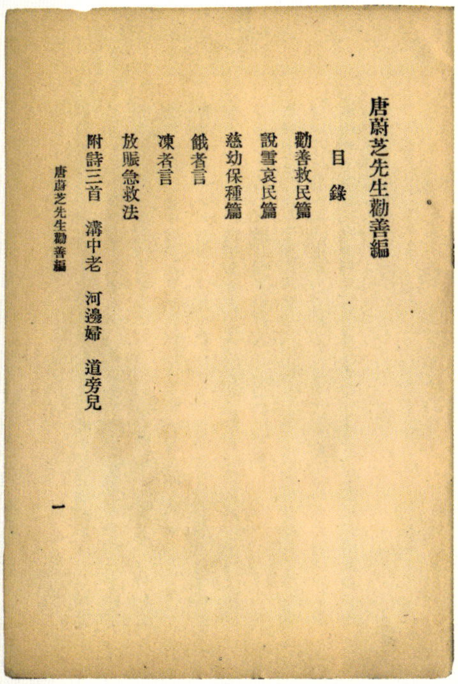
唐蔚芝先生勸善編

目錄

勸善救民篇
說雪哀民篇
慈幼保種篇
餓者言
凍者言
放賑急救法
附詩三首　溝中老　河邊婦　道旁兒

唐蔚芝先生勸善編　一

2

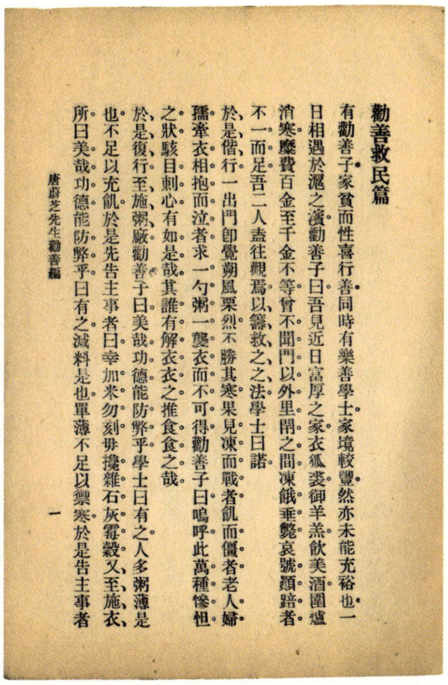
勸善救民篇

有勸善子家貧而性喜行善同時有樂善學士家境較豐然亦未能充裕也一日相遇於滬之濱勸善子曰吾見近日富厚之家衣狐裘御羊羔飲美酒圍爐消寒糜費百金至千金不等曾不聞門以外里閈之間凍餓垂斃哀號顛踣者不一而足吾二人盍往觀焉以籌救之之法學士曰諾於是偕行一出門卽覺朔風栗烈不勝其寒果見凍而戰者飢而僵者老人婦孺牽衣相抱而泣者求一勺粥一襲衣而不可得勸善子曰嗚呼此萬種慘怛之狀駭目刺心有如是哉其誰有解衣衣之推食食之哉於是復行至施粥廠勸善子曰美哉功德能防弊乎學士曰有之人多粥薄是也不足以充飢於是先告主事者曰幸加米勿刻毋攙雜石灰霉穀又至施衣所曰美哉功德能防弊乎曰有之減料是也單薄不足以禦寒於是告主事者

唐蔚芝先生勸善編　一

3

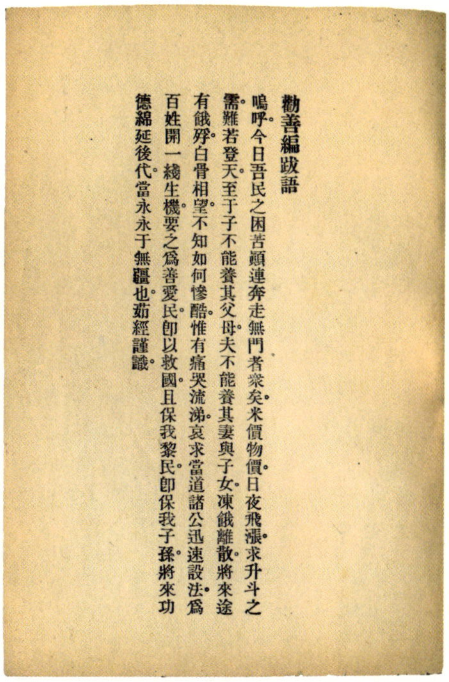
勸善編跋語

嗚呼今日吾民之困苦顛連奔走無門者衆矣米價物價日夜飛漲求升斗之需難若登天至于子不能養其父母夫不能養其妻與子女凍餓離散將來途有餓殍白骨相望不知如何慘酷惟有痛哭流涕哀求當道諸公迅速設法爲百姓開一綫生機要之爲善愛民卽以救國且保我黎民卽保我子孫將來功德綿延後代當永永于無疆也蔚經謹識

4

13

唐文治著
《茹经堂文集四编》

每册长25.8厘米，宽15厘米
本馆旧藏

全二册，八卷，1943年铅印本。封面影印孙寿熙题签，首页影印“茹经七十八小影”。收录文章169篇：卷一、卷二、卷三“杂著类”47篇，卷四“经说类”24篇，卷五“赠序寿序类、书类”7篇，卷六“序跋类”30篇，卷七“传记类”37篇，卷八“碑铭类”24篇。

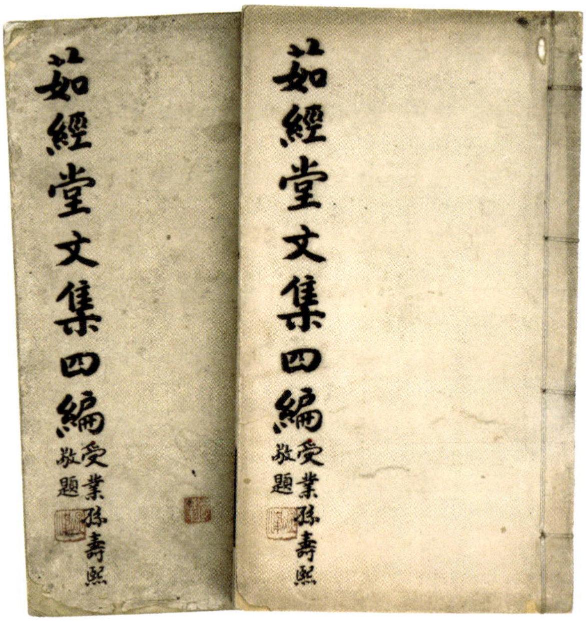

1

1. 封面
2. 茹经七十八小影
3. 第一册正文首页
4. 第二册正文首页

2

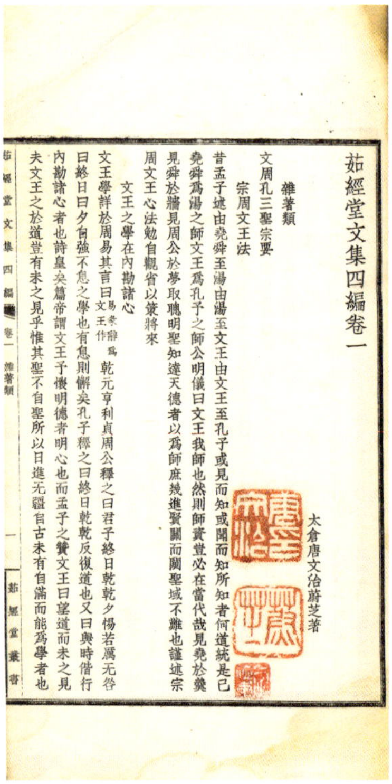

3

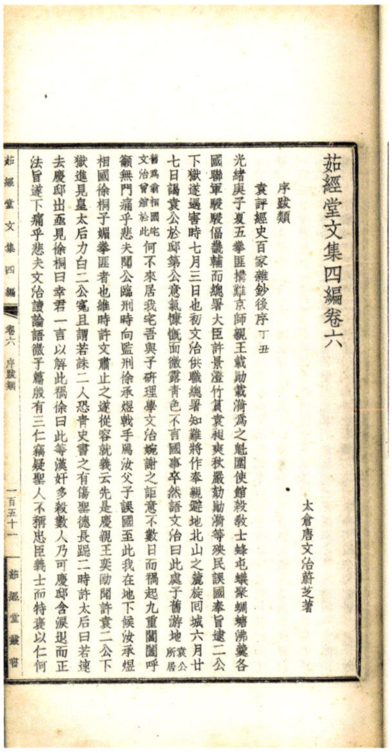

4

1. 封面
2. 序及目录首页
3. 目录末页及正文首页

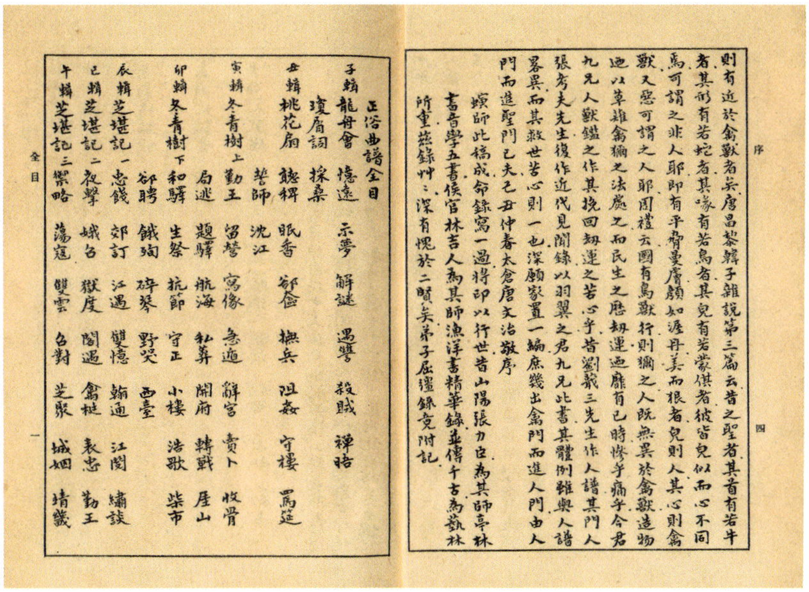

2

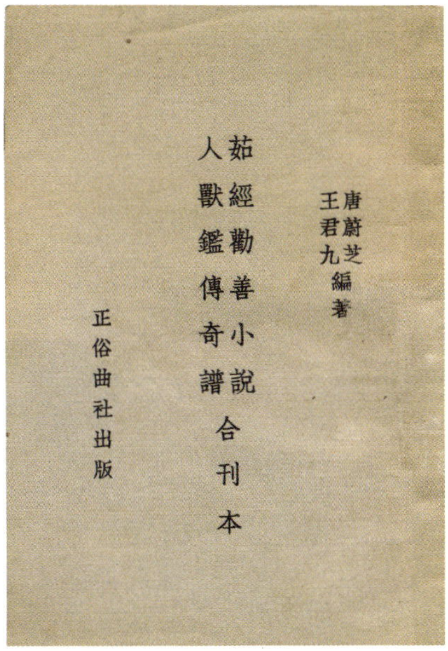
茹經勸善小說
人獸鑑傳奇譜合刊本
唐蔚芝
王君九 編著
正俗曲社出版

1

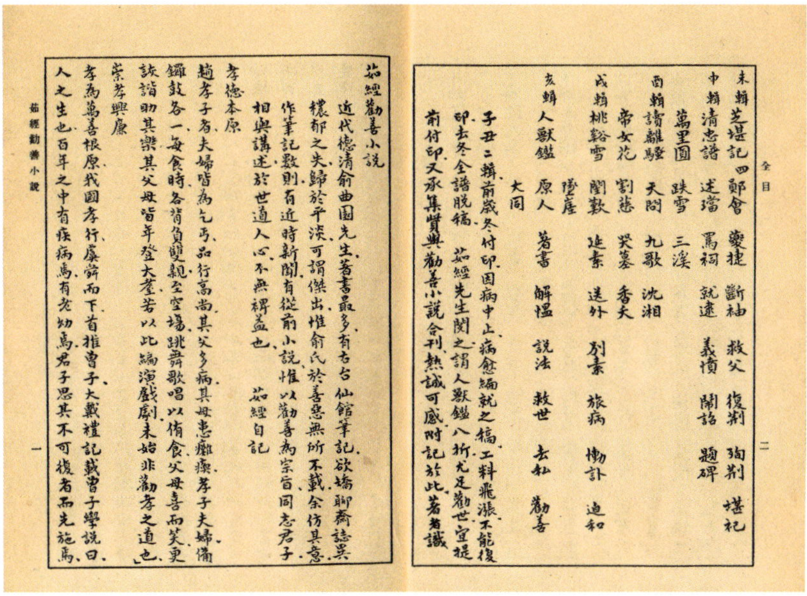

3

14

唐文治、王君九编
《茹经劝善小说、人兽鉴传奇谱合刊本》

长18厘米，宽12.2厘米
本馆旧藏

全一册，1949年正俗曲社铅印本。前有颜惠庆、唐文治序，末有李廷燮跋。是书收录唐文治著《茹经劝善小说》、王君九著《人兽鉴传奇谱》，两作均以匡正人心、挽救时艰为旨，合成一编，相得益彰。

王君九，即王季烈（1873—1952），字晋余，号君九、螾庐，江苏苏州人。光绪三十年（1904）进士。早年翻译出版了中国第一本具有大学水准的物理学教科书，后长期从事昆曲的理论研究，著有《螾庐曲谈》《度曲要旨》等。

碑　刻

收录太仓博物馆馆藏唐文治碑刻8种，内容以唐文治为太仓当地史事、人物所撰写碑文为主，含唐文治撰、黄文灏书《甲戌修筑海塘纪绩碑》原稿1种，唐文治撰《太仓顾君伯圭墓志铭》《杭州黄烈妇李氏殉夫碑铭》《太仓殷烈妇碑铭》《杨君俊丞自戕殉职事记》《钱君诗侬殉职碑记》原石5种，唐文治撰《俞隶云先生墓志铭》《诸暨袁燮元先生暨德配胡太夫人家传》影印册2种。

1

唐文治撰《俞隶云先生墓志铭》影印册

长26.5厘米，宽15厘米

本馆旧藏

全一册，民国年间影印版。封面影印章炳麟题签“太仓俞隶云先生墓志铭”。内页影印“俞隶云先生遗像”、杨敦颐手书《隶云先生像赞》及篆书志盖、楷书志文。

俞隶云（1856—1918），名书祥，号隶云，江苏太仓人。清末诸生，后任上海电报学堂总办。俞隶云为唐文治表兄，二人后又结为儿女亲家，俞隶云之女俞庆棠嫁唐文治之子唐庆诒。

墓志铭由唐文治撰文，冯景韶书丹，金人篆盖。释文、标点如下：

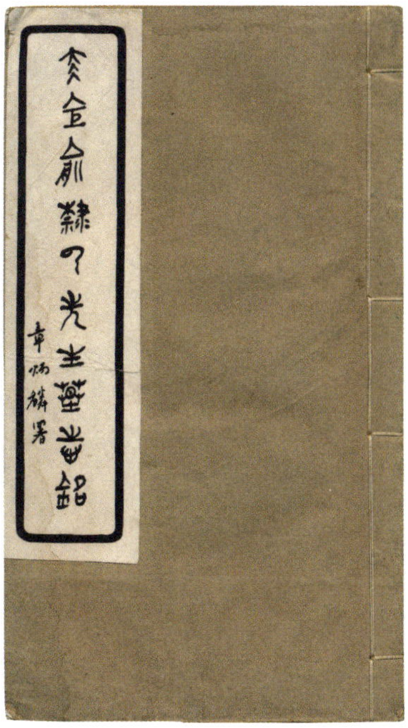

1

1. 封面
2. 俞隶云先生遗像
3. 杨敦颐手书《隶云先生像赞》

2

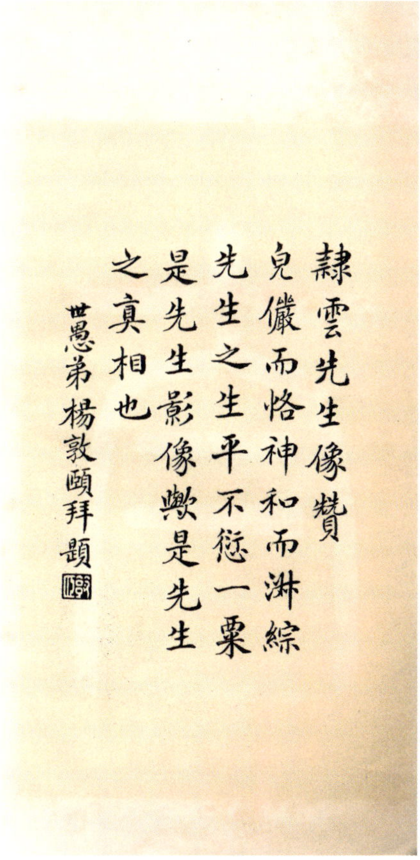

3

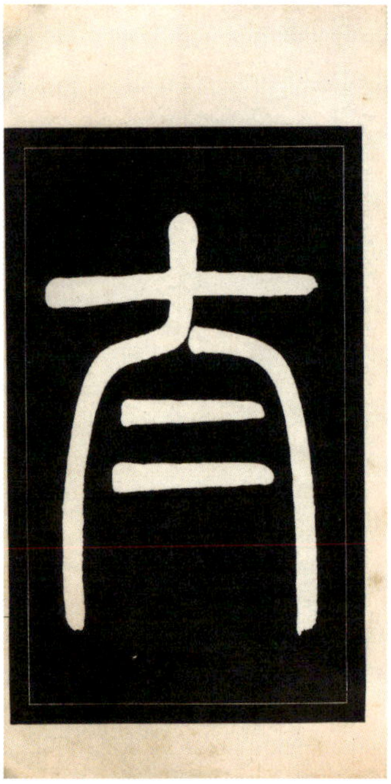

4

5

6

7

8

9

太仓俞隶云先生之墓

俞隶云先生墓志铭

清赐进士出身、农工商部左侍郎、内表弟唐文治再拜谨撰文。

清会典馆图上校对官、分奉同知、世姻愚弟冯景韶顿首书丹。

清附贡、两淮运司、发审委员、议叙知县、世愚弟金人顿首篆盖。

先生讳书祥，隶云其字，苏之太仓人。祖考讳廷鹭，道光甲午科举人；考讳世林，郡庠生。先生四岁而孤，妣吴太夫人守节以抚，备极勤劬。岁辛未，吴太夫人逝世，先生哀毁骨立，念少年孤露，益奋于学。壬申入上

12

11

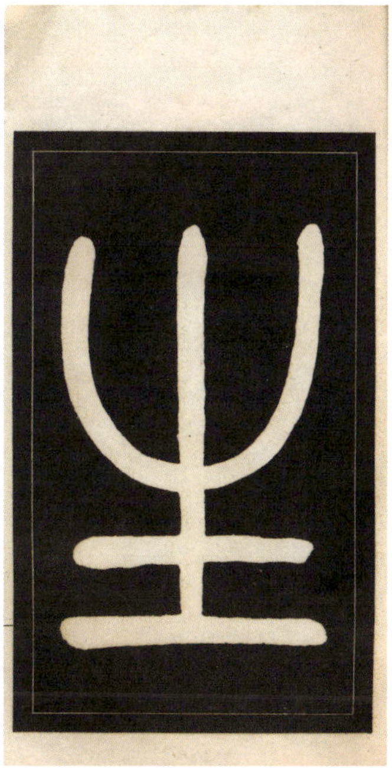

10

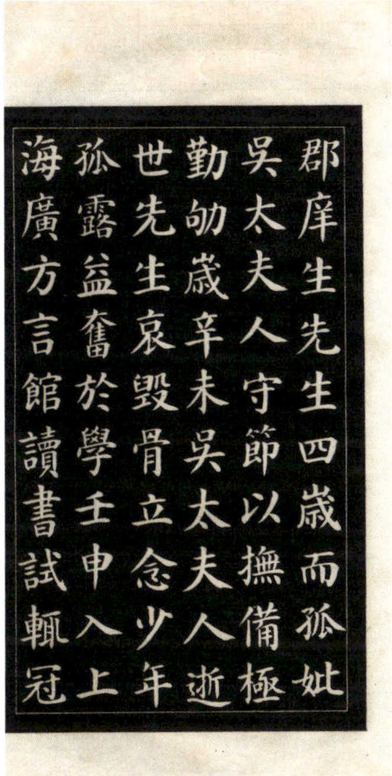

15

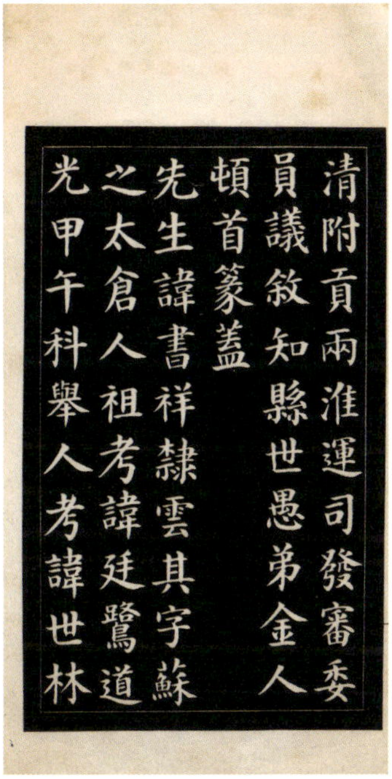

14

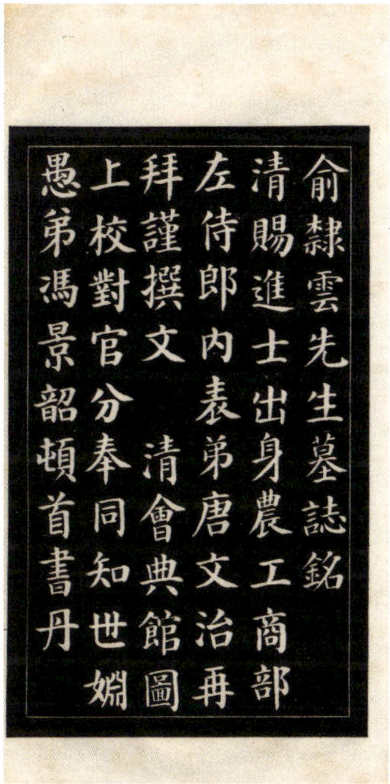

13

海广方言馆读书，试辄冠其曹。丁丑以郡试第一补博士弟子员，乡党先达咸曰："俞氏有人矣。"庚辰德配顾夫人来归。顾夫人为我姑丈叔因公长女，通《诗》《书》，明大义，亲操井臼，家政秩然。先生因是无内顾忧，更于中西文学殚精竭思，力求深造。辛巳充天津电局差，旋出督造电线，自山东而上海而吴淞而福建，足迹几半天下。丁亥佐合肥刘壮肃公创设台湾水陆电线，出入于惊涛骇浪之际，奔走于蛮烟瘴雾之乡。越二载半，工始竣，论功保知县用，而先生热疾自此始矣。己丑内渡后，充上海电报学堂总办，荐（洊）保同知。在校时，嘘植学生如子弟，每因厚给俸饩事言于上游，以去就争者屡焉。庚戌任上海广仁堂事，乐善不倦，全活者尤多。丙辰患中风症（证），卧床褥

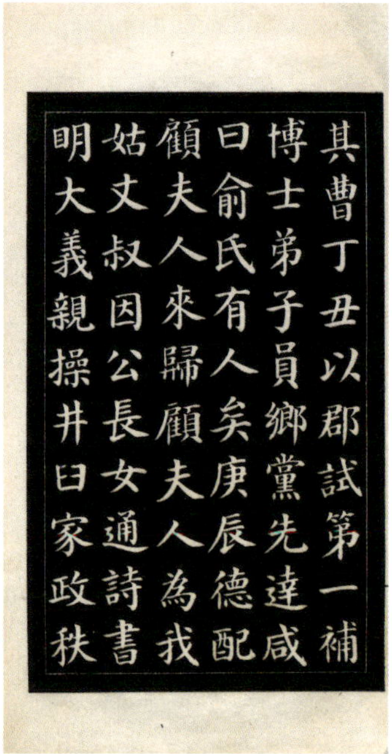

16

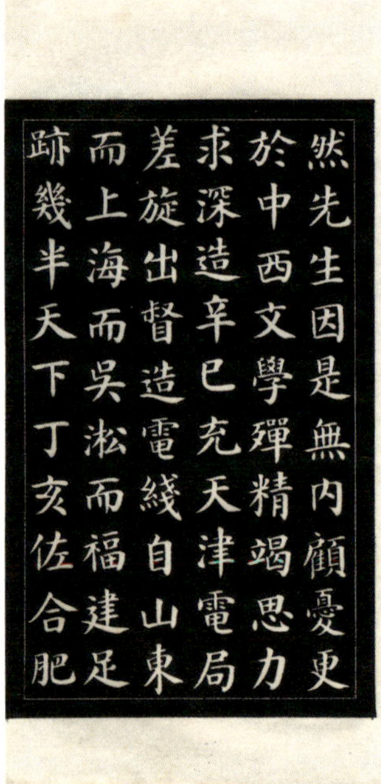

17

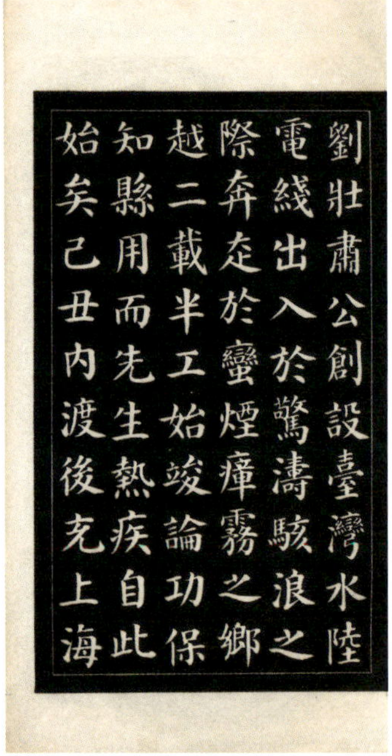

18

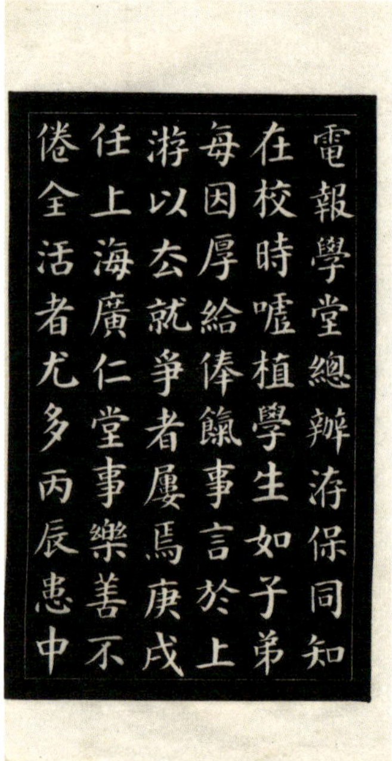

19

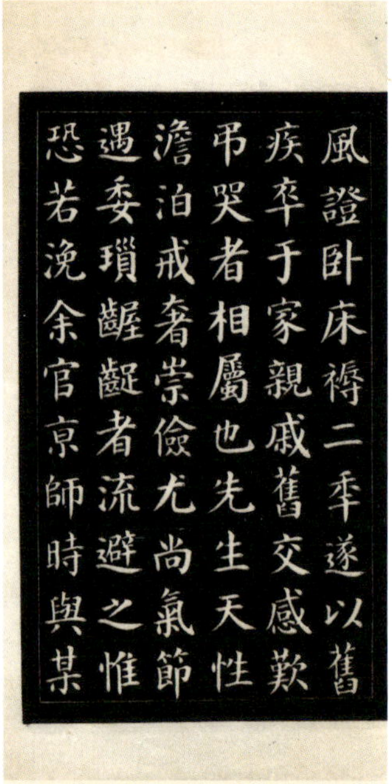

20

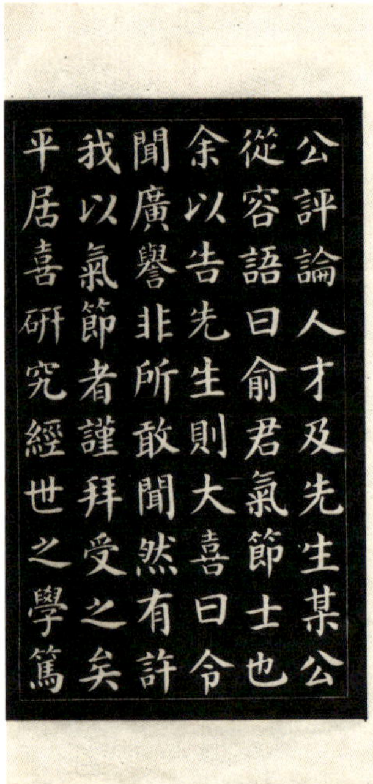

21

二年，遂以旧疾卒于家，亲戚旧交感叹吊哭者相属也。

先生天性淡泊，戒奢崇俭，尤尚气节，遇委琐龌龊者流，避之惟恐若浼。余官京师时，与某公评论人才，及先生，某公从容语曰：“俞君气节士也。”余以告先生，则大喜曰：“令闻广誉，非所敢闻。然有许我以气节者，谨拜受之矣。”平居喜研究经世之学，笃嗜曾文正、左文襄二家集，暇时手不释卷，与人谈时务，娓娓（亹亹）不倦，动中肯綮。值不如意之人，则钳（箝）口不发一言。闻夤缘奔竞（竸）事，恒深恶而痛绝之。呜呼！晚近以来，人心机诈，直道靡存，卑污苟且之风深固而不可拔，礼义廉耻扫地无余矣。如先生者，非所谓古道君子者与？岂易得哉！岂易得哉！

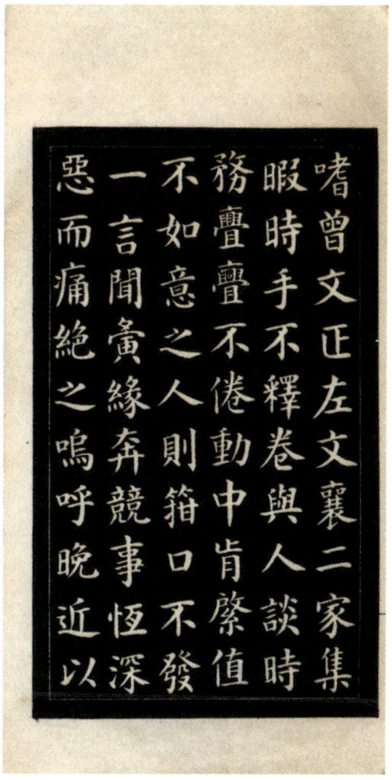
嗜曾文正左文襄二家集
暇時手不釋卷與人談時
務亹亹不倦動中肯綮值
不如意之人則箝口不發
一言聞夤緣奔競事恒深
惡而痛絶之嗚呼晚近以

22

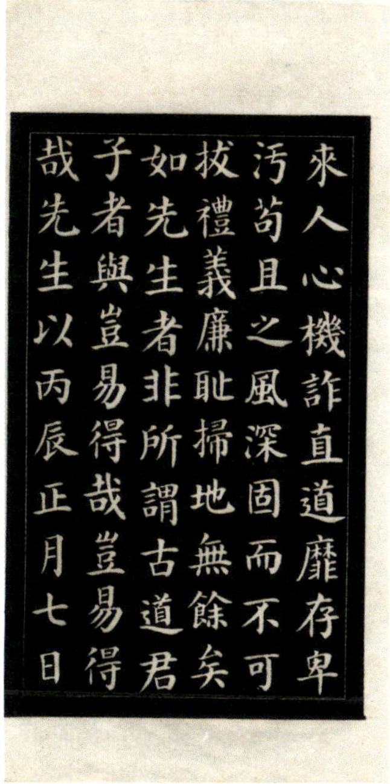
來人心機詐直道靡存卑
汚苟且之風深固而不可
拔禮義廉恥掃地無餘矣
如先生者非所謂古道君
子者與豈易得哉豈易得
哉先生以丙辰正月七日

23

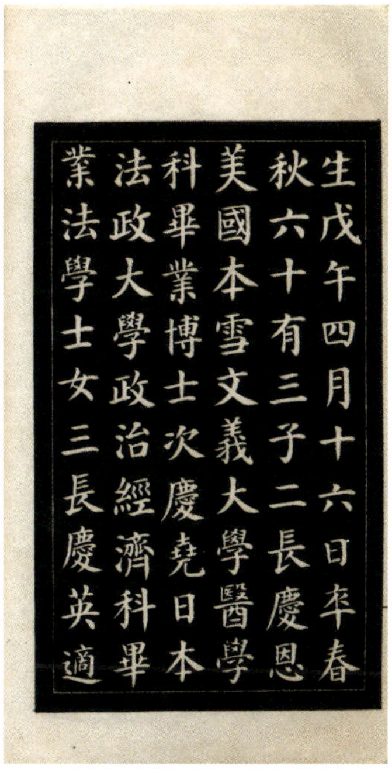
生戊午四月十六日卒春
秋六十有三子二長慶恩
美國本雪文義大學醫學
科畢業博士次慶堯日本
法政大學政治經濟科畢
業法學士女三長慶英適

24

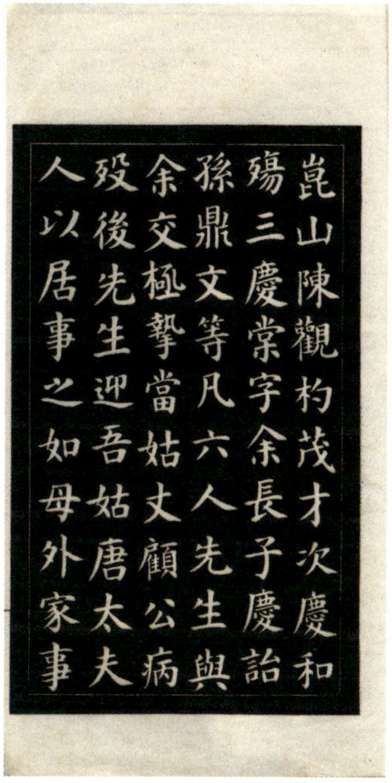
崑山陳觀杓茂才次慶和
殤三慶棠字余長子慶詒
孫鼎文等凡六人先生與
余交極摯當姑丈顧公病
殁後先生迎吾姑唐太夫
人以居事之如母外家事

25

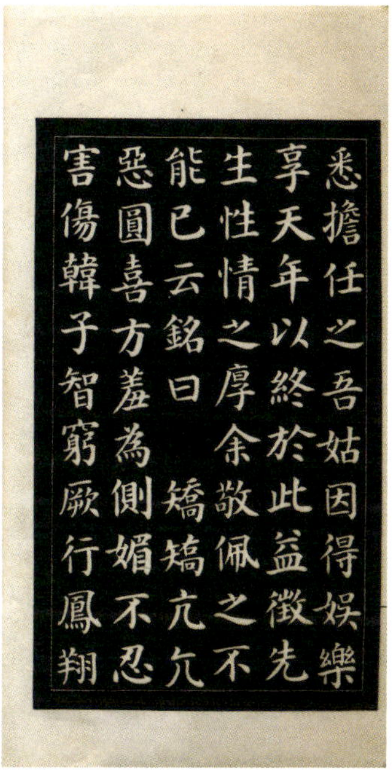
悉擔任之吾姑因得娱樂
享天年以終於此益徵先
生性情之厚余敬佩之不
能已云銘曰 矯矯亢亢
惡圓喜方羞為側媚不忍
害傷韓子智窮厥行鳳翔

26

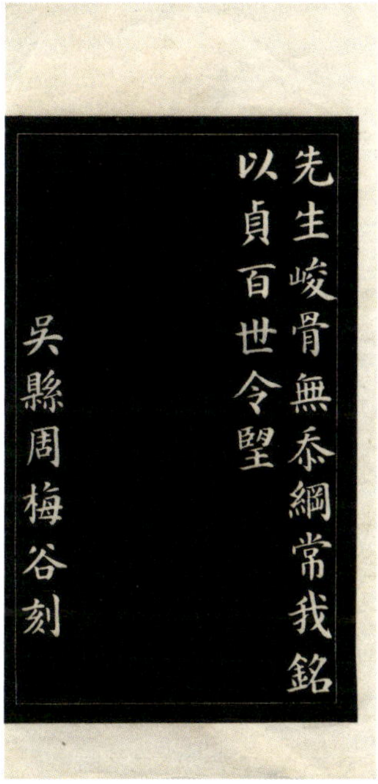
先生峻骨無忝綱常我銘
以貞百世令望
吴縣周梅谷刻

27

先生以丙辰正月七日生，戊午四月十六日卒，春秋六十有三。子二：长庆恩，美国本雪文义大学医学科毕业，博士；次庆尧，日本法政大学政治经济科毕业，法学士。女三：长庆英，适昆山陈观杓茂才；次庆和，殇；三庆棠，字余长子庆诒。孙，鼎文等凡六人。先生与余交极挚，当姑丈顾公病殁后，先生迎吾姑唐太夫人以居，事之如母，外家事悉担任之，吾姑因得娱乐享天年以终。于此益征（徵）先生性情之厚，余敬佩之不能已云。铭曰：

矫矫亢亢，恶圆喜方。羞为侧媚，不忍害伤。韩子智穷，厥行凤翔。先生峻骨，无忝纲常。我铭以贞，百世令望。

吴县周梅谷刻。

唐文治撰《太仓顾君伯圭墓志铭》原石

长82厘米，宽82厘米
本馆旧藏

1926年刻。本书录原石拓本。顾伯圭（1865—1926），名聘璜，字渭臣，号伯圭。清末诸生，经理地方款产及任催租局事，勾稽出纳纤屑不苟，于筹划图书馆、校刊州县志尽力尤多。

墓志铭由唐文治撰文，毛祖模书丹，冯景韶篆盖，周梅谷刻。释文、标点如下：

太仓顾君伯圭墓志铭

清赐进士出身、农工商部左侍郎、署理尚书、同里唐文治谨撰文。

清内阁中书、商部掌印郎中、东三省题奏道、姻弟毛祖模敬书丹。

清会典馆图上校对官、四品升衔、分奉同知、姻弟冯景韶敬篆盖。

吾乡自陆、陈、江、盛四先生提倡道学，砥砺修名，一时风气纯朴敦庞，号为极盛。递嬗至二百年后，庠序之士亦多，恂恂儒雅，束身自好，内行循谨、务实崇文，无有轶乎礼法之外者。君子之泽，岂不久且远哉？以余所见，同乡顾君伯圭，盖深有合于老成之典型焉。

君讳聘璜，字渭臣，号伯圭，太仓镇洋县人。曾祖讳经，号芝田，詹事府主簿；妣王氏。继妣王氏、赵氏、陈氏。祖讳承忠，号小坡，五品衔，分部主事，常州府学教授；妣杨氏，继妣李氏，副季氏。考讳荣第，号稚奎，太常寺博士；妣闻氏，继妣周氏。君于同治四年九月六日生。方其生也，闻太夫人即于是日卒，君自有知识后，引为终身之戚，每届悬弧之辰，恒悒悒不乐，盖其秉彝之肫挚，所谓“夫日志有所至”也。事继妣周太夫人恪尽孝道，而周太夫人亦视如己出，一门雍雍无间然。幼颖慧，小坡、稚奎两公先后亲授之读，离经辨志，识者已知非凡品矣。迨出应郡试，始就外傅，文理斐然，蓋有声于时。光绪十三年补学官弟子员，二十四年岁试列前茅，调考南菁书院，逾年食廪饩。一时名士，尚词华，谈时务，争相角逐，而君淡于荣利，意泊如也。初居邑之浮桥镇，濒海偏僻。旋于光绪三十一年卜居邑城武陵桥东，复于宅后辟地数弓，构屋两楹，颜曰“植嘉树室”，栽花艺菜，啸咏其中。间则购书画，春秋佳日，与二三同志煮茗品评，或临池读书，逍遥容与，恍然置身羲皇以上，不知世事之蜩螗也。

顾邑中乏干济才，辄欲强君出。光绪三十一年，吾乡创设会议公所，为自治权舆，君被举董其事。宣统元年，改设县公产经理处，仍举君为经理。农会成立，举君为会长。嗣以病体，不胜烦剧，先后辞去。而当事者素器君，委充筹备自治所所长及水利委员，皆谢不就。甲寅，举商会副会长，又举款产处经理。己未，举催租局经济主任，均以桑梓之务，谊不获辞，勉任厥职，旋复辞去。然君性廉介，又精邃算数，勾稽出纳，纤细不苟，时论翕然。乡人士皆以君之高尚其事为可惜也。吾乡志乘自王兰泉先生纂辑后，阅时既久，旧闻放失，吾师王文贞公修而成之。君于丁未岁详加校刊，逾年始告蒇，其勤于掌故又如此。君律身以谨，治家以勤，交友以诚，自奉俭约，而周赡亲族，振恤贫乏，又视其力之所至，不少吝惜。平居家训，常以“宅心忠厚、力戒浇薄”为宗旨。呜呼！此非

得老成之典型者邪？体素羸弱，早岁得咯血证，经人事变迁，中心郁伊，晚年益剧，以丙寅六月五日卒，享年六十有二。配闻氏，簉室俞氏；闻氏先卒，俞氏贤而有子，遂告于宗族，继为正室。子光铎，谨厚能世其家。女三，长文絅，适邑庠生蒋思鉴；次文縠，殇；三文绮，字同邑陆元浩。将以是年十二月廿四日葬于本邑五都四图露字圩之原。

余于庚寅岁自津门归里，会君与颂韩李子有文社之约，谬推评骘，其首列者即君也。自是识君名，迄今盖三十余年矣。念《考槃》之旧友，叹独寐而寤言，俯（俛）仰身世，曷禁百感之交萦也。爰为铭曰：

旃蒙首纪，极目烽烟。雷吼蔺石，林簇戈铤。劫夺于货，比户相连。至君之门，再踣而颠。良善获报，祐之自天。胡逾一载，噩耗俄传。弇山云黯，娄水泪涟。敬勖后人，永嗣君贤。

吴县周梅谷刻。

3

唐文治撰
《杭州黄烈妇李氏殉夫碑铭》原石

长180厘米，宽67厘米
本馆旧藏

1932年刻。本书录原石拓本。黄烈妇姓李，名文舜，湖南湘潭人，十九岁时嫁杭州人黄子厚。光绪十八年（1892），黄子厚赴太仓任盐榷司会计，举家迁至太仓。光绪二十八年（1902），太仓发生瘟疫，黄子厚被传染，猝然离世，李氏遂殉夫而死。

碑由唐文治撰文，钱罕书丹，赵时棡篆额，金匮张瑞芝镌。释文、标点如下：

杭州黄烈妇李氏殉夫碑铭

门人陆君景周与余言：“杭州黄烈妇殉夫死节事，状极惨。”余曰：“此足以风当世者，请进而闻其详。”于是景周复因其族弟博泉，驰书烈妇子善从等，追询始末。越数月，善从哀泣以状来。余读而喟然曰：“呜呼！乾坤堙塞，浑沌之气旁薄人世，郁积于家庭闺阈之间，错节盘根。倏焉刚烈正大之气，一破其昏蒙，而人心固有之良知，从此光明焉。此《易》所谓‘苦节贞’，凶者转而为‘甘节’之吉，岂不可哀而尤可敬也哉？”

谨按状，烈妇姓李氏，讳文舜，湖南湘潭人，幼读《诗》《书》，晓大义。考讳隆庚。年十九归杭州黄君子厚。时王母暨舅姑皆在堂，烈妇侍奉旨甘，孝敬綦笃。而杭俗重男轻女，烈妇三索皆得女，王母辈大失望，虽子厚亦不慊于妻也，于是勃溪之事起，而烈妇之苦甚矣。逾数年，王母与舅逝世，家益中落。子厚走太仓，充太镇盐榷司会计，时在光绪十八年。居无何，子厚病甚，促烈妇往视。烈妇惶急，泪荧然，谓其弟妇曰：“婶乎，倘吾夫不愈者，吾不返矣！”迨烈妇抵太仓，子厚疾解，烈妇返杭城，其弟妇始以此语告人。然烈妇平居茹苦含辛，其身虽未死，而其心固无日不死也。旋子厚遗书属迁太仓，烈妇料检行李，罢苦烦劳，时方有娠，登舟夙震，产而不育，视之男也，烈妇痛心晕绝，久始苏。逾年，生子善从；又逾二年，生善登，先后生子女共七人。太仓地故贫瘠，子厚岁入不丰，亲族姻友分润其余，或乃疑烈妇处境安乐，庸讵知其相夫御穷之苦也？

光绪二十八年壬寅，太仓疫疠流行，子厚遘疾，遽以五月十日卒。烈妇长号求速死，或告之曰：“子女不可弃也。”烈妇目瞿瞿然、容累累然，谋所以善后之策不可得，则昼夜以手擗其心，或自持刃斫其胆，或舂玻璃屑将吞之，为其二女夺去。乃于六月九日夜，潜觅剪刀自裁，断其喉，血喷涌，溅墙壁，遂死。当是时，天地凄悲，月星惨悴，悲风簌簌然。二女觉之大骇，奔哭告长老。于是邑之贤士大夫相与叹曰：“壮哉！烈妇！”

昔孔子言“杀身成仁”，孟子言“舍生取义”，宋文文山先生有取其言。夫烈士之殉国与烈妇之殉夫，其事若不相侔，而其心之苦无二致也！朱君竹生者，善士也，为经纪其丧，携善从教养之，以其子女分养于乃叔家，先后为其女遣嫁，而诸子亦自成立。迄今二十七年，家道稍稍裕。天所以报节烈之后，诚不爽哉！

吾读《礼运》篇，圣人论大同之治曰：“男有分，女有归。”继之曰：“夫义妇德。”又继之曰：“夫妇有所，是谓承天之祜。”夫夫妇之不得其所者，说者以为不克自由也。然既自由矣，而夫妇之道弥苦于前，何哉？伦纪乖而性情薄也。呜呼！闻烈妇之风者，可以兴矣。余既悲烈妇之苦节，未获旌表；又惧其代远而无传也，故大书之，以贻善从等，俾镌诸石，且为铭曰：

青天恨海空悠悠，及尔同死复何求；玉腕金剪刺其喉，故鬼号哭新鬼愁。碧血黯淡留千秋，世界巾帼谁与俦？二十七载埋荒丘，我今凭吊为阐幽。

太仓唐文治撰文，慈溪钱罕书丹，鄞赵时棡篆额。

中华民国二十一年十月上石。

金匮张瑞芝镌。

杭州黄烈婦李氏殉夫碑銘

杭州黄烈婦李氏殉夫碑銘

門人陸君景周与余言杭州黄烈婦殉夫死節事狀極慘余曰此足以風當世者請進而聞其詳於是景周復因其族弟博泉馳書烈婦子善從等追詢始末越數月善從哀泣以狀来余讀而喟然曰嗚呼乾坤堙塞渾沌之氣勇薄人世鬱積於家庭閨闥之間錯節盤根倏爲剛烈正大之氣一破其昏蒙而人心固有之良知從此光明爲此易所謂苦節貞凶者轉而為甘節之吉豈不可哀而尤可敬也哉謹按狀烈婦姓李氏諱文舜湖南湘潭人幼讀詩書曉大義考諱隆庚年十九歸杭州黄君子厚時王母暨舅姑皆在堂烈婦侍奉甘旨孝敬綦篤而杭俗重男輕女烈婦三索皆得女王母輩大失望雖子厚亦不慊於妻也於是勃谿之事起而烈婦之苦甚矣踰數年王母與舅逝世家益中落子厚走太倉充太鎮鹽摧司會計時在光緒十八年居無何子厚病甚促烈婦往視烈婦惶急淚熒然謂其弟婦曰嬸乎儻吾夫不愈者吾不返矣迨烈婦抵太倉子厚疾解烈婦返杭城其弟婦始以此語告人然烈婦平居茹苦含辛其身雖未死而其心固無日不死也旋子厚遺書屬遷太倉烈婦料檢行李罷苦煩勞時方有娠登舟風震產而不育視之男也烈婦痛心暈絶久始蘇踰年生子善從又踰二年生善登先後生子女共七人太倉地故貧瘠子厚歲入不豐親族姻友分潤其餘或乃疑烈婦處境安樂庸詎知其相夫御窮之苦也光緒二十八年壬寅太倉疫癘流行子厚遘疾遽以五月十日卒烈婦長號求速死或告之曰子女不可棄也烈婦目瞿瞿然容纍纍然謀所以善後之策不可得則晝夜以手擗其心或自持刃斫其脰或吞玻璃屑將吞之為其二女奪去乃於六月九日夜潛覓剪刀自裁斷其喉血噴湧濺牆壁遂死當是時天地淒悲月星慘悴悲風簌簌然二女覺之大駭奔哭告長老於是邑之賢士大夫相與嘆曰壯哉烈婦昔孔子言殺身成仁孟子言舍生取義宋文文山先生有取其言夫烈士之殉國与烈婦之殉夫其事若不相侔而其心之苦無二致也朱君竹生者善士也為經紀其喪攜善從教養之以其子女分養於乃姊家先後為其女遣嫁而諸子亦自成立迄今二十七年家道稍稍裕天所以報節烈之後誠不爽哉吾讀禮運篇聖人論大同之治曰男有分女有歸繼之曰夫義婦聽又繼之曰夫婦有所是謂承天之祜夫夫婦之不得其所者說者以為不克自由也然既自由矣而夫婦之道彌苦於前何哉倫紀乖而性情薄也嗚呼聞烈婦之風者可以興矣余既悲烈婦之苦節未獲旌表又懼其代遠而無傳也故大書之以貽善從等俾鐫諸石且為銘曰

青天恨海空悠悠及爾同死復何求玉腕金剪刺其喉故鬼歸哭新鬼愁碧血黯潛留千秋世界巾幗誰與儔二十七載埋荒坵我今憑弔為闡幽

太倉唐文治撰文慈谿錢罕書丹鄞趙時棡篆額

中華民國二十一年十月上石

金匱張瑞芝鐫

4

唐文治撰
《太仓殷烈妇碑铭》原石

高110厘米，宽55厘米
本馆旧藏

1934年刻。本书录原石拓本。碑文记述民国十七年（1928）三月二十七日夜，太仓南牌坊州桥东河滨户主殷树鑫因火灾而亡，其妇熊氏在救出两儿后，在火烧梯将断之际一跃而上，殉夫而死。

碑由唐文治撰文，李子馗书，集宝斋刻。释文、标点如下：

太仓殷烈妇碑铭

戊辰岁三月二十七日夜，太仓南牌坊州桥东河滨殷姓不戒于火，其妇熊氏殉夫死，事极惨。同乡陆修瀛蓬士等草状来征文。呜乎！吾鄙负表扬名教之责，若熊氏之烈行，盖宙合间之所难，乌可无文以铭之？

谨按状：烈妇姓熊氏，父字霭堂，懋迁吾乡，居沙溪，适殷树鑫，字惕铭，邑庠生，其曾伯祖讳瑞玉，咸丰十年岁贡生，光绪六年重游泮水，盖以《诗》《礼》世其家者。惕铭病痿痹，楼居卧榻不能起身，难之作也，实由火油灯覆楼板，家人以水沃之，火暴起，不转瞬，势已燎原。烈妇急挥长妇挟两儿下，惕铭急促妇出，妇固守不去。顷刻间烟焰弥（㳽）漫，昏晕不知所措。救火者仓皇至，急曳妇下楼，烈妇大呼："吾夫在火中，谁与救者？"急提水，复大呼："速沃被，或可裹吾夫出。"当是时，火烧梯将断，烈妇跃而上，救者弗能从，火势不可乡迩，而烈妇遂死于火矣。越日，于灰烬中觅遗骸，头足不全，如焦炭然。道路观者咸太息流涕曰："烈妇！烈妇！"于是邑之缙（搢）绅士大夫集会以追悼之，相与为文辞诗歌，以纪其事。呜呼！圣人有言："志士仁人，无求生以害仁，有杀身以成仁。"烈妇之遇救而得免也，藉令其不复登楼以死，固不得谓之求生，又岂得谓之害仁？而烈妇必杀身以殉夫者，岂非其恩义之素笃、良知之不泯，而憯怛至诚有以致之哉？昔箕子论五行之汩陈曰："彝伦攸斁。"而其论大禹之平成曰："彝伦攸叙。"彝伦者，人之至情、礼之所由起也。宋文文山先生曰："天地有正气，杂然赋流形；下则为河岳，上则为日星。"吾尝谓乾坤正气虽当晦蒙否塞之时，必不至于尽灭，乃不钟于通都大邑，特显于太仓一隅，其故何与？盖吾娄自陆、陈、江、盛诸先生讲学以来，礼义廉耻之坊、明伦弼教之旨，深入于人人之心，故虽妇人女子亦皆通明大义，不徒临难无免，且至赴汤蹈火、糜烂顶踵而无所顾惜，以视世之乖戾性成、弁髦伦纪者为何如哉？呜呼！民德之薄也，世道之漓也，哀莫大于心死也！如烈妇者，身虽死而心不死也，心不死而名更与之不死也。吾未见蹈仁而死者也，闻烈妇之风者，良心当可以不死也。抑又闻烈妇四德具备，逮事祖母与其舅姑，克尽孝道，戚鄙无间言，盖其天性纯厚。殉夫之事，亦非仓卒而能然者。而惕铭以文弱书生，病体支离，宛转床褥，同归于一烬。呜呼！其亦可哀也已。烈妇享年五十有四，生子三人，长文炳、次文炤、次文煊。余深望节义之后，必有达人云。爰为之铭，并以代迎送神之乐曰：

嘻嘻（譆譆）出出伯姬堂，魂魄毅兮南牌坊。心凄恻兮良人旁，精诚耿耿兮格穹苍。阊阖骤开兮吐奇芒，云旗逶迤兮羽盖飞扬。赤熛前迎兮祝融后，将白龙蜿蜿兮青鸟跄跄。萧史上升兮弄玉回翔。昔有昭烈妃兮江水之神，今有殷烈妇兮离宫之灵。炎帝曰休哉，汝惟璇闺淑质，名世之女英。命汝御灾而捍患兮，永沫夫大火之星。沴氛消铄兮善良是薰常，保人间世兮无焦头烂额，以哀吁天之穷民。

中华民国二十三年岁次甲戌春仲。太仓唐文治敬撰，吴兴李子馗敬书。

古吴集宝斋刻。

太倉殷烈婦碑銘

戊辰歲三月二十七日夜太倉南牌坊州橋東河濱殷姓不戒於火其婦熊氏殉夫死事極慘同鄉陸修瀛蓬士等草狀來徵文
嗚呼吾鄙負表揚名教之責若熊氏之烈行蓋宙合間之所難焉可無文以銘之謹按狀烈婦姓熊氏父字靄堂懋遷吾鄉居沙
溪適殷樹鑫字惕銘邑庠生其曾伯祖諱瑞玉咸豐十年歲貢生光緒六年重游泮水蓋以詩禮世其家者惕銘病痿痺樓居臥
榻不能起身難之作也實由火油燈覆樓板家人以水沃之火暴起不轉瞬勢已燎原烈婦急揮長婦挾兩兒下惕銘急促婦出
婦固守不去頃刻間烟焰瀰漫昏暈不知所措救火者倉皇至急曳婦下樓烈婦大呼吾夫在火中誰與救者急提水復大呼速
沃被或可裹吾夫出當是時火燒梯將斷烈婦躍而上救者弗能從火勢不可鄉邇而烈婦遂死於火矣越日於灰燼中覓遺骸
頭足不全如焦炭然道路觀者咸太息流涕曰烈婦烈婦于是邑之搢紳士大夫集會以追悼之相與為文辭詩歌以紀其事嗚
呼聖人有言志士仁人無求生以害仁有殺身以成仁烈婦之遇救而得免也藉令其不復登樓以死固不得謂之求生又豈得
謂之害仁而烈婦必殺身以殉夫者豈非其恩義之素篤良知之不泯而憯怛至誠有以致之哉昔箕子論五行之汩陳曰彝倫
攸斁而其論大禹之平成曰彝倫攸敘彝倫者人之至情禮之所由起也宋文文山先生曰天地有正氣雜然賦流形下則為河
嶽上則為日星吾嘗謂乾坤正氣雖當晦蒙否塞之時必不至于盡滅乃不鍾於通都大邑特顯于太倉一隅其故何與蓋吾婁
自陸陳江盛諸先生講學以來禮義廉恥之坊明倫弼教之旨深入於人人之心故雖婦人女子亦皆通明大義不徒臨難無免
且至赴湯蹈火糜爛頂踵而無所顧惜以視世之乖戾性成弁髦倫紀者為何如哉嗚呼民德之薄也世道之漓也哀莫大於心
死也如烈婦者身雖死而心不死也心不死而名更與之不死也吾未見蹈仁而死者也聞烈婦之風者良心當可以不死也抑
又聞烈婦四德具備逮事祖母與其舅姑克盡孝道戚鄙無間言蓋其天性純厚殉夫之事亦非倉卒而能然者而惕銘以文弱
書生病體支離宛轉床褥同歸於一燼嗚呼其亦可哀也已烈婦享年五十有四生子三人長文炳次文炤次文煊余深望葛義
之後必有達人云爰為之銘並以代迎送神之樂曰
譆譆出出伯姬堂魂魄毅兮南牌坊心悽惻兮良人旁精誠耿耿兮格穹蒼閶闔驟開兮吐奇芒雲旗逶迤兮羽蓋飛揚赤熛前
迎兮祝融後將白龍蜿蜿兮青鳥蹌蹌簫史上昇兮弄玉迴翔昔有昭烈妃兮江水之神今有殷烈婦兮離宮之靈炎帝曰休哉
汝惟璇閨淑質名世之女英命汝禦災而捍患兮永沫夫大火之星沴氣消鑠兮善良是薰常保人間世兮無焦頭爛額以哀籲
天之窮民

中華民國二十三年歲次甲戌春仲　太倉唐文治敬譔　吳興李子道敬書

古吳集寶齋刻

乖戾性成弁髦倫紀者為何如哉嗚呼民德之薄也世道之漓
更與之不死也吾未見蹈不死者也聞烈婦之風者良心當
道戚鄙無聞言蓋其天性純厚殉夫之事亦非倉卒而能然者
可哀也已烈婦享年五十有四生子三人長文炳次文炤次文
曰
人旁精誠耿耿兮格穹蒼閶闔駭開兮吐奇芒雲旗逶迤兮羽
兮弄玉迴翔昔有昭烈妃兮江水之神今有殼烈婦兮離宮之
永沫夫大火之星沴氣消鑠兮善良是薰常保人間世兮無焦

太倉唐文治敬譔　吴興李子犆敬書

濱毀姓不戒於火其婦熊氏殉夫死事極慘同鄉陸修瀛蓬士合閭之所難焉可無文以銘之謹按狀烈婦姓熊氏父字靄堂豐十年歲貢生光緒六年重游泮水蓋以詩禮世其家者惕銘以水沃之火暴起不轉瞬勢已燎原烈婦急揮長婦挾兩兒下火者倉皇至急曳婦下樓烈婦大呼吾夫在火中誰與救者急而上救者弗能從火勢不可嚮邇而烈婦遂死於火矣越日於婦烈婦于是邑之搢紳士大夫集會以追悼之相與為文辭詩成仁烈婦之遇救而得免也藉令其不復登樓以死固不得謂之素篤良知之不泯而憯怛至誠有以致之哉昔箕子論五行之至情禮之所由起也宋文文山先生曰天地有正氣雜然賦

5

唐文治撰、黄文灏书《甲戌修筑海塘纪绩碑》原稿

纵192.5厘米，横74厘米
2003年殷继山捐赠

1935年作。此为刻碑所据原始底稿。碑文记述民国二十三年（1934），江苏省建设厅厅长沈百先请款并指挥监修太仓、宝山、松江、常熟等地海塘事。据此原稿所刻碑石现藏于太仓市浏河镇阅兵台。

碑由唐文治撰文，黄文灏书。残缺处据《茹经堂文集》补全，以“□”标出。释文、标点如下：

甲戌修筑海塘纪绩碑

政治之原理，爱民而已矣；爱民之要道，保民命而已矣。古之圣人有不忍人之心，斯有不忍人之政。凡所设施，无非以爱惜民命为先务之急，故曰：“为生民立命。”盖惟立其命而后能遂其生也。

吾苏海塘，自浙江绵亘迤西，而金山、而松江、而奉贤、而南汇、而川沙、而上海、而宝山、而太仓、而常熟，人民庐舍、田原资产，胥籍此以资保障。盖是塘也，为数百万生灵托命久矣。民国纪元，特设江南水利局主其事。二十年，建设厅长沈百先先生莅任，先生固精研水利，慨然以保全民命为天职所在，爰设塘工委员会，程其功。旋因省府改组离职。二十一年，日人侵略沪上，炮火蔺石，挟怒潮以俱来，塘堤被毁，土石啮缺，情势岌岌，吾民其鱼。沿海人士与沪上诸君，爰有塘工善后委员会之设，吁请当道修筑。然以工巨（钜）费绌，仅能补苴险要，未竟厥功。会沈先生复掌建设厅务，申请省政府委员会重加建筑，预算经费五十二万元，询谋佥同，遂得邀准。经始于二十三年四月，迨十月，工告蒇事。当是时，旱魃为虐，而庶民子来，流汗霡沐，奔走相属，罔敢自休。甫半载，塘堤完固，海波不兴，实赖沈先生屡次莅工指挥，督察监修。委员太仓朱恺俦、洪景平，宝山张嘉璈、赵正平、金侯城，松江闵瑞芝、沈思齐；工程师彭禹谟、罗振球、顾厚熙、陈政、杨铭林；佐理工程师黄寿珍、许铭第、屠耀彬、戚允中、胡瑞麟、徐谟嘉等，相与切实指导，用能劳勚聿章。总计太、宝、松、常四县各段，共用银四十二万七千元有奇，覆诸预算，撙节颇多，闾阎感德，喁喁交颂。逾年，同乡人士书来，属余为记。余维往哲治河者，辙谋一劳永逸之策，然人情恶劳好逸，其弊也，但求其逸，而罔知其劳，今日之塘工可恃已乎？未可恃也。夫海塘建筑，莫盛于林文忠公，丰功伟烈，梓乡父老至今犹乐道之。然数十年来，亦屡经出险矣，未可恃也。民国二十年秋八月二十五日，飓风为灾，势骄力猛。翌日丙夜，胥涛冲荡，冯夷披猖，上海、宝山、刘河等处，全堤行将溃决，乡民猝不及备举，升屋攀树，号哭遍野，惨不忍闻。幸风转向，始庆生全，而农民损失已不可胜数。呜呼！吾闻大同郅治，以中国为一家，视百姓若赤子。宋朱子同安放赈，诗云：“若知赤子原无罪，合有人间父母心。”往复洛诵，未尝不为之流涕也。前事之不忘，后事之师。民命所悬，在兹一线，其可忘乎哉？昔明季吾娄白登明知州开浚刘河，大兴水利，陆桴亭先生记载其事，详《娄江志》中。文治学行不逮前贤万一，而沈先生爱民如子，汲汲皇皇，保护惟恐不至，当与白知州先后媲美无疑矣。惟愿邦人君子，以先生之爱民者爱先生，他日者蔽芾甘棠、循良报最，盛德大业终不可谖；更愿沈先生推保惠吾乡之心，作四方之矜式也。

民国二十四年四月，太仓唐文治谨撰，黄文灏敬书。

苏州集宝斋镌刻。

黄文灏（1878—？），字秋生，江苏太仓浏河人。清末诸生。早年热衷书法，后兼学绘画，专攻“芦蟹”。

甲戌修築海塘紀績碑

甲戌修築海塘紀績碑

政治之原理愛民而已矣愛民之要道保民命而已矣古之聖人有不忍人之心斯有不忍人之政凡所設施無非以愛惜民命為先務之急故曰為生民立命蓋惟立其命而後能遂其生也吾蘇海塘自浙江綿亘迤西而金山而松江而奉賢而南滙而川沙而上海而寶山而太倉而常熟人民廬舍田原貲產胥籍此以資保障蓋是塘也為數百萬生靈託命久矣民國紀元特設江南水利局主其事二十年建設廳長沈百先先生莅任先生固精研水利慨然以保全民命為天職所在爰設塘工委員會程其功旋因省府改組離職二十一年日人侵畧滬上砲火蘭石挾怒潮以俱來塘堤被燬土石罄缺情勢岌岌吾民其魚沿海人士與滬上諸君爰有塘工善後委員會之設顲請當道修築然以工鉅費絀僅能補苴險要未竟厥功會沈先生復掌建設廳務申請省政府委員會重加建築預算經費五十二萬元詢謀僉同遂得邀准經始于二十三年四月迨十月工告蕆事當是時旱魃為虐而庶民子來流汗霢沐奔走相屬罔敢自休甫半載[illegible]堤完固海波不興實賴沈先生屢次莅工指揮督察監修委員太倉朱愷儔洪景平寶山張嘉璈趙正平金侯城松[illegible]瑞芝沈思齊工程師彭禹謨羅振球顧厚熙陳政楊銘林佐理工程師黃壽珍許銘第唐耀彬戚允中胡瑞麟徐謨嘉等相與切實指導用能勞勩聿章總計太寶松常四縣各段共用銀四十二萬七千元有奇覈諸預算搏節頗多閭閻感德喁喁交頌逾年同鄉人士書來屬余為記余維往哲治河者輒謀一勞永逸之策然人情惡勞好逸其弊也但求其逸而罔知其勞今日之塘工可恃已乎未可恃也夫海塘建築莫盛於林文忠公豐功偉烈梓鄉父老至今猶樂道之然數十年來亦屢經出險矣未可恃也民國二十年秋八月二十五日颶風為災勢驕力猛翌日丙夜胥濤衝盪馮夷披猖上海寶山劉河等處全堤行將潰決鄉民猝不及備攀外屋攀樹號哭遍野慘不忍聞幸風轉向始慶生全而農民損失已不可勝數嗚呼吾聞大同郅治以中國為一家視百姓若赤子宋朱子同安放賑詩云若知赤子原無罪合有人間父母心往復雒誦未嘗不為之流涕也前事之不忘後事之師民命所懸在茲一綫其可忘乎我昔明季吾婁白登明知州開濬劉河大興水利陸桴亭先生記載其事詳婁江志中文治學行不逮前賢萬一而沈先生愛民如子汲汲皇皇保護惟恐不至當與白知州先後媲美無疑矣惟願邦人君子以先生之愛民者愛先生他日者蔽芾甘棠循良報最盛德大業終不可諼更願沈先生推保惠吾鄉之心作四方之矜式也

民國二十四年四月太倉唐文治謹撰黃文灝敬書

蘇州集寶齋鐫刻

唔唔文頌道年同鄉人士書来屬余
而罔知其勞今日之塘工可恃已乎
數十年来亦屢經出險矣未可恃也
猖上海寶山劉河等處全堤行将潰
損失已不可勝數嗚呼吾聞大同郅
人間父母心往復雒誦未嘗不為之
登明知州開濬劉河大興水利陸桴
沒皇皇保護惟恐不至當與白知州
良報最盛德大業終不可諼更願沈
倉唐文治謹撰黄文灝敬書

故曰為生民立命蓋惟立其命而後而上海而寶山而太倉而常熟人民特設江南水利局主其事二十季建塘工委員會程其功旋因省府改組勢岌岌吾民其魚沿海人士與滬上未竟厥功會沈先生復掌建設廳務于二十三年四月迨十月工告蕆事海波不興實賴沈先生屢次蒞工指沈思齊工程師彭禹謨羅振球顧厚

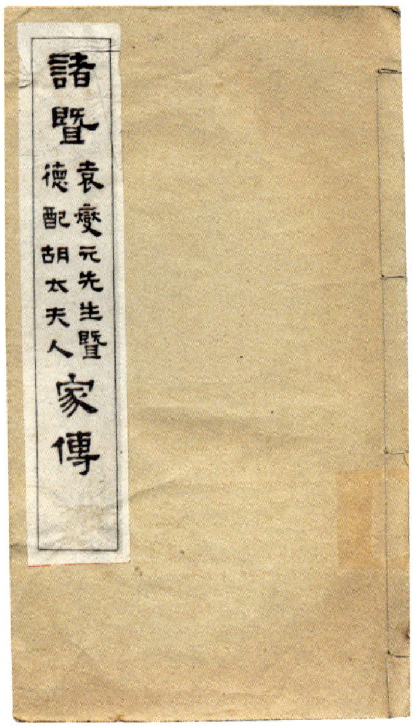

1

6

唐文治撰《诸暨袁燮元先生暨德配胡太夫人家传》影印册

长29厘米，宽16.8厘米

本馆旧藏

1. 封面

全一册，民国年间影印版。袁燮元（1843—1938），名德理，号燮元，浙江诸暨人。青年时遭战乱，九死一生，后流落至宁波，娶胡氏。后为收税吏，家境渐丰，多次捐巨资，赈恤水旱灾害，为善乡里，颂声载道。

《家传》由唐文治撰文，马公愚书。释文、标点如下：

诸暨袁燮元先生暨德配胡太夫人家传

太仓唐文治撰。

永嘉马公愚书。

粤维玄默敦牂之岁壮月，友人袁君履登般般来请，曰：“今岁夏历九秋，为先考妣百龄纪念，将行追庆礼，顾从前饰终之仪文粗备，而文章之表扬阙如，愿请一言，载诸家乘，用垂不朽。”余敬其孝思之不匮也，谊不获辞。

谨按：袁氏为诸暨望族，履登之尊公讳德理，燮元其字，世居王家湖。考之瀚公，妣赵太夫人，代有隐德。履登之太夫人胡氏，为镇海胡公大成之女。燮元先生幼失怙恃，随诸兄躬耕陇亩，瓶罄垒（罍）耻，郁郁不得志。年十九，洪杨难作，戈铤满地。先生仓皇避匿，猝为匪所得，迫令作缝纫事。迨匪退时，尽杀同事者，惨酷不忍言，而先生独免，盖冥冥中有默相之者焉。自是厥后，蓬飘金、严间，出入狸鼪，苦茹藜藿，集蓼兴叹，数载浮沉，所谓苦心志、饿体肤者，备尝之矣。继而闻同族有在甬者，往投之，不得已，佣工度日，先生喟然叹曰：“素贫贱行乎贫贱，此非动心忍性时乎？”

年三十六，胡太夫人始来归，卜居于鄞，旋为收税吏，家境稍稍丰。举二子，长君即履登也。先生以为，方今世界日新，非精研科学，不足以通变而宜民。履登尤特达聪明，茁发颖竖，乃令入上海约翰大学肄业。洎毕业后，克自树立，先生曰：“吾可以退隐矣。”履登拟建别墅，奉亲晨昏，藉娱晚境，而先生廉俭自持，不欲变初服，仅许在甬筑室三楹而已。挽近之世，时局玄黄，民生憔悴。《诗》有之“鸿雁于飞，哀鸣嗷嗷”，“仁人君子，蒿目时艰”，辄为嘻吁不置。先生胞与为怀，慨然曰：“此正吾辈为善时，机不可失也。”爰与胡太夫人切商，

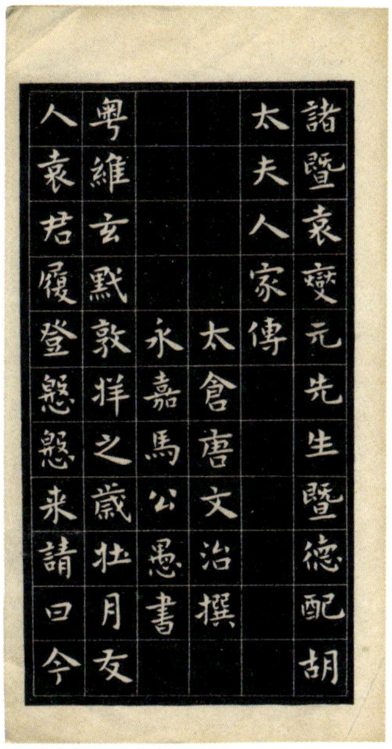
諸暨袁燮元先生暨德配胡
太夫人家傳
太倉唐文治撰
永嘉馬公愚書
粵維玄黓敦牂之歲壯月友
人袁君履登愍愍來請曰今

2

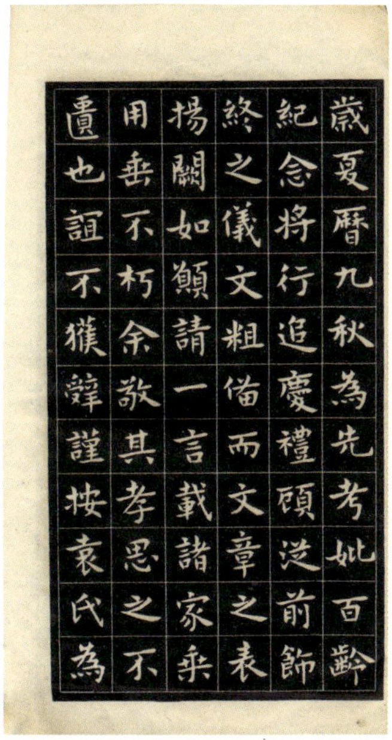
歲夏曆九秋為先考妣百齡
紀念將行追慶禮頌從前飾
終之儀文粗備而文章之表
揚闡如顏請一言載諸家乘
用垂不朽余敬其孝思之不
匱也詎不獲辭謹按袁氏為

3

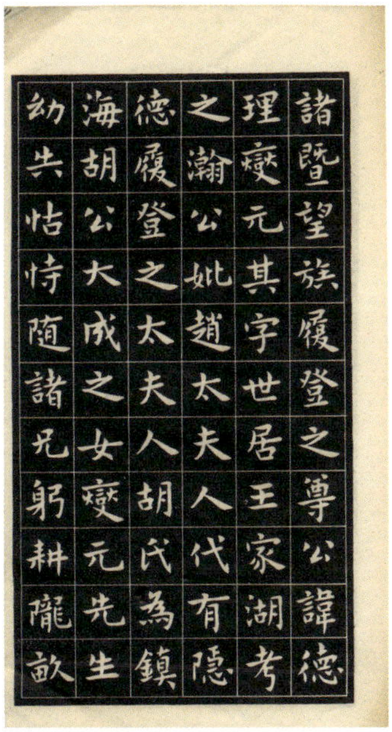
諸暨望族履登之尊公諱德
理燮元其字世居王家湖考
之瀚公妣趙太夫人代有隱
德履登之太夫人胡氏為鎮
海胡公大成之女燮元先生
幼失怙恃隨諸兄躬耕隴畝

4

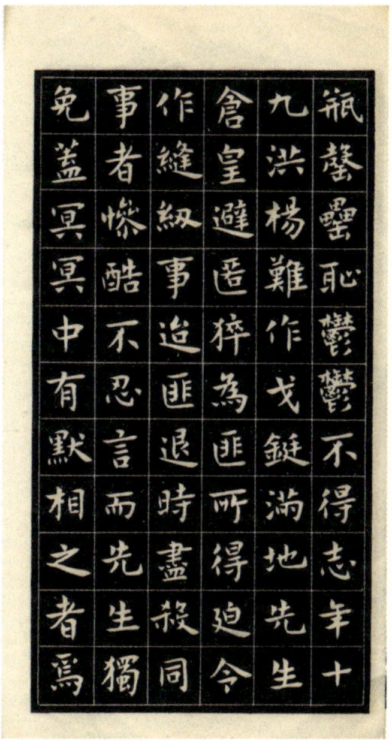
瓶罄罍恥鬱鬱不得志年十
九洪楊難作戈鋋滿地先生
倉皇避匿猝為匪所得迫令
作縫紉事迨匪退時盡殺同
事者慘酷不忍言而先生獨
免蓋冥冥中有默相之者焉

5

自是厥後蓬飄金嚴閒出入
貍齷苦茹蘗藿集蘗興嘆數
載浮沉所謂苦心志餓體膚
者備嘗之矣繼而聞同族有
在甬者往投之不得已傭工
度日先生喟然嘆曰素貧賤

6

行乎貧賤此非動心忍性時
乎年三十六胡太夫人始来
歸卜居於鄞旋為收稅吏家
境稍稍豐舉二子長君即履
登也先生以為方今世界日
新非精研科學不足以通變

7

同矢善果。太夫人秉性恺悌慈祥，与先生同奉宗教，日以孳孳行善、博济救人为宗旨。会民国十一年浙省患大水，流离琐尾，民不聊生。维时适届先生八十悬弧、太夫人六十设帨之辰，特以寿仪三千金，与辛勤所得二千金，悉数赒恤之。越十年，先生九十，太夫人七十，会华北旱灾，赤地千里；又镇海塘堤圮塌，岌岌可危，复醵寿仪暨汗血资，以二万金赈华北，八千金抢修海塘，饥民获苏，颂声载道。十余年前，四明公所筹募棺榔葬埋，集捐至三十余万金，太夫人之力居多。《易》曰："积善之家，必有余庆。"善气之磅礴扶舆，足以兴家而昌国，用是履登君建树闳规，交际交涉，悉合机宜，介弟贤康，金友玉昆，后先济美。桂兰绕膝，融融怡怡。履登君配胡氏，贤康君配陈氏。女三，长适陈永发，次适赵学余，三未字，卒。孙一，承朴，配李氏。孙女三，长适徐绍康，次适张翊法，三待字。曾孙三，永寿、永年、永

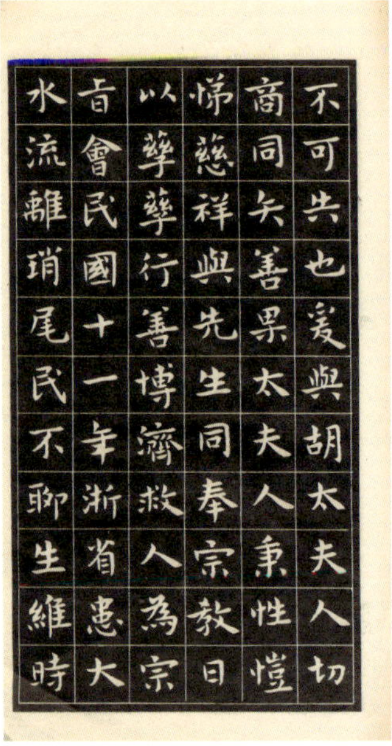

10

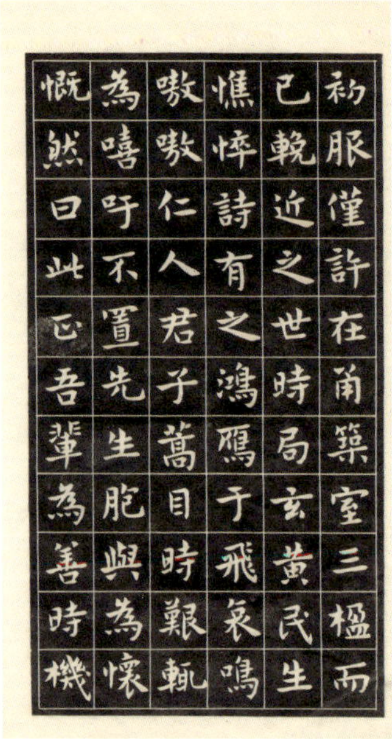

9

8

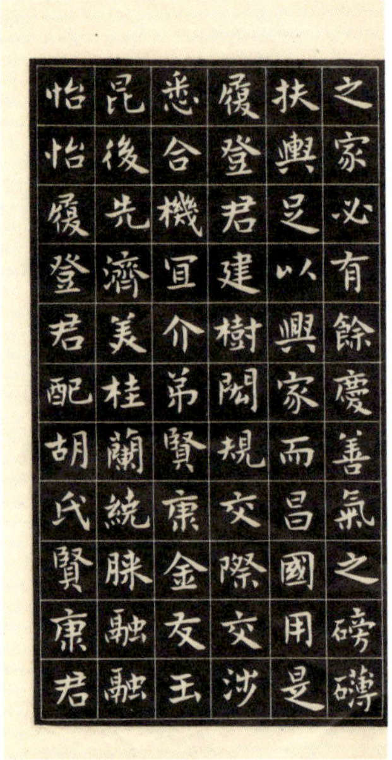

13

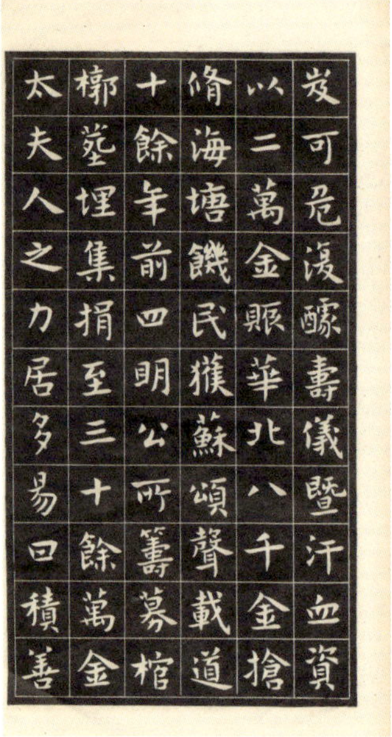

12

11

丰。曾孙女一，永慧。

先生生于清道光二十三年癸卯岁，夏历十二月九日，于民国二十七年戊寅岁，夏历二月二十六日卒，享寿九十有六，大耋期颐，私谥贞靖先生。太夫人生于同治二年癸亥岁，夏历正月十一日，于民国二十五年丙子岁，夏历四月二十日卒，享寿七十有四，私谥慈惠夫人。预营生圹于鄞之阿育王寺前玉几山之麓，遂合葬焉。夫善人有后，古训昭然，兹值百龄追庆之期，吉蠲为饎，陈其宗器，来歆来格，降福穰穰，余特大书以为之传。深愿袁君后裔永彝训，浸（寖）炽浸（寖）昌云。

论曰：余读行状，称先生平生不啖鳝鳖，美哉！其用心之仁也。余幼读俞曲园先生笔记，载有士人宿旅肆中，夜半有人扣门，问曰："有鳝也无？"惟时肆中人皆酣睡矣，忽缸内所蓄之鳝同应声曰：

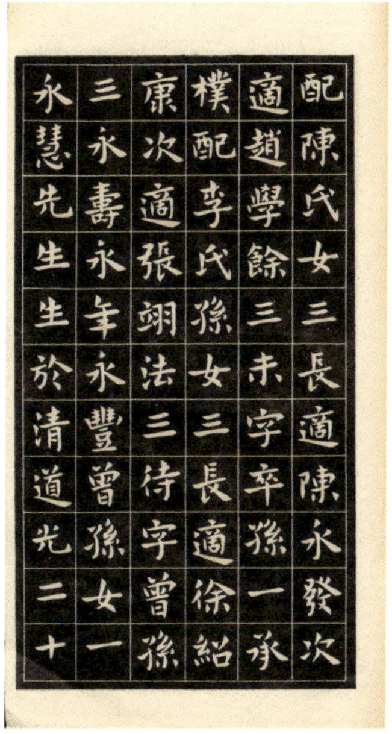

14

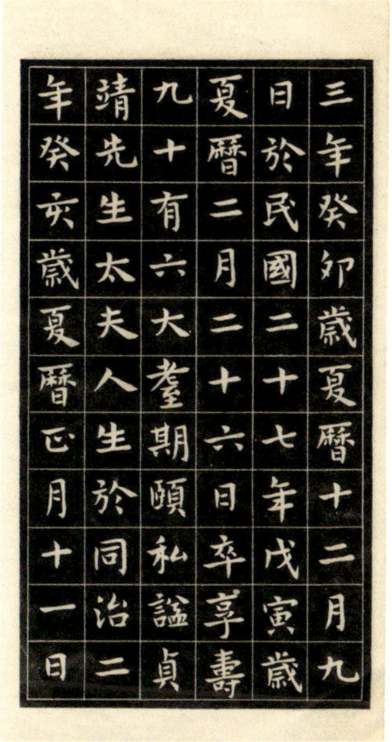

15

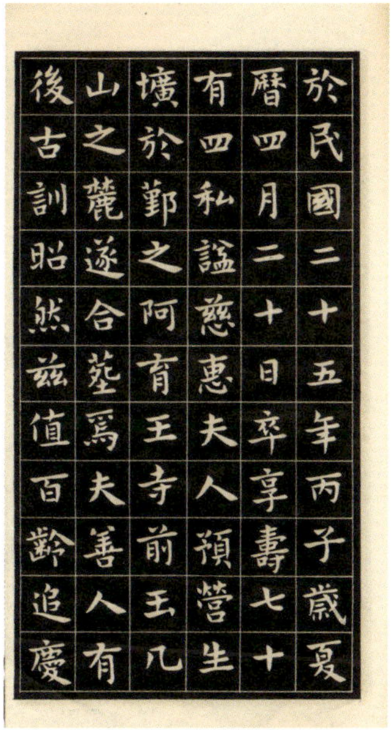

16

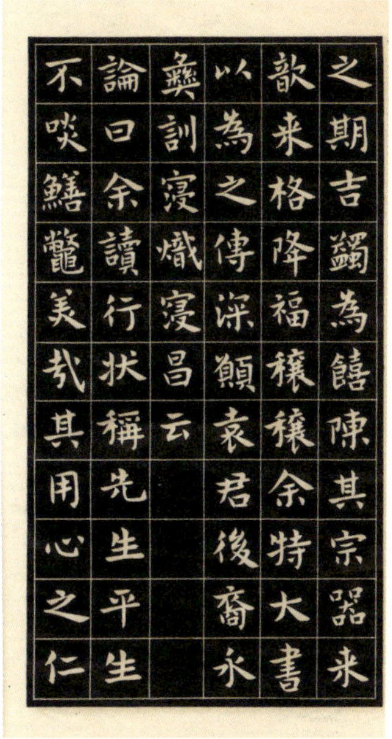

17

18

19

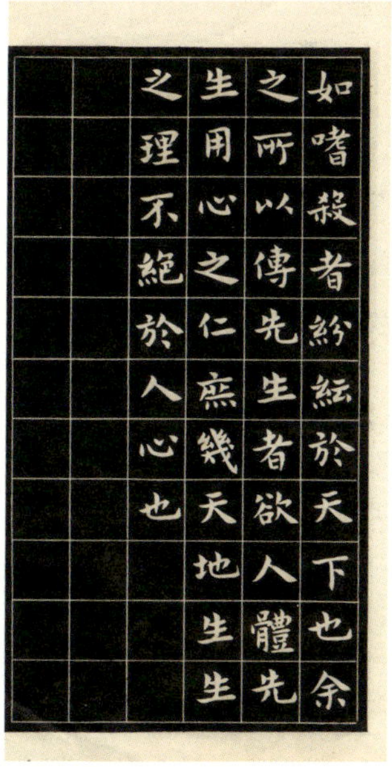

20

“无！”绝类人声，士人大惊异。翼晨告肆主，悉数售之，纵诸河。呜呼！物犹爱生，人何以堪？昔苏东坡《谏用兵书》曰：“譬诸宰杀牛羊鱼鳖以为膳（饍）羞，食者甚美，被食者甚苦，使见其宛转于刀俎之间，必将投箸（筯）而不忍食，而无如嗜杀者纷纭于天下也。”余之所以传先生者，欲人体先生用心之仁，庶几天地生生之理不绝于人心也。

7

唐文治撰
《杨君俊丞自戕殉职事记》原石

高175厘米，宽54厘米

本馆旧藏

1947年刻。本书录原石拓本。碑文记述民国十三年（1924）江浙军阀混战，驻太仓苏军某旅长限太仓警察所长杨瑛（字俊丞）一日内拉民夫三百名听用，杨瑛不忍骚扰同乡父老，遂饮弹自尽。二十三年后的1947年，杨瑛之子请唐文治为文以记之。

碑由唐文治撰文，陆佐虞书，马伯英镌。碑文残缺处据《茹经堂文集》补全，以“□”标出。释文、标点如下：

杨君俊丞自戕殉职事记

邑人唐文治敬撰，陆佐虞敬书。

君姓杨氏，讳瑛，字俊丞，吾娄庠生。幼廉洁自持，志趣迈流俗。当前清之季，各省设立巡警学堂，以谋自卫，吾苏亦兴办警校，当道檄各县保送杰出人才入校肄业，君应选。卒业后，邑令委办本邑警务，君之任。厘订章则，绥靖闾阎，踔厉风发，湔时弊。常周历各乡，稽核（覈）户口，缉捕奸宄，曰：“保境安良，吾之责也。”于是舆情爱戴，当道嘉鲜之。迭次奖勉，由警务课长荐（洊）升警察所长，叙一等警佐。迨民国十三年，遂有自戕殉职之事。初，民国二年夏，南北战争事起，沪军自嘐城退守太仓，北兵穷追，将入邑境，讹言朋兴，情势岌岌。君偕邑令洪伯言先生及当地绅商，奔走蠲资，说南军缴械。洎北兵至，优加犒劳，得免战祸，邑中庆安堵，其苦心调处，厥功至大。十三年，江浙齐、卢之战，吾邑地当冲要。夏历八月四日，大军群集，驻太苏军某旅长责令君限一日内拉民夫三百名，用以输送弹药。军法森严，急于星火。君默然不应，退则泫然，自度：“吾何忍骚扰同乡良民，俾父老兄弟离散哭别耶？吾死不过一家哭，若拉夫，则千家百家一路哭矣。”遂于是夜二时，在任所寝室，以自备手枪置胸前，发弹自戕卒。呜呼！方是时也，草木凄悲，鬼神饮泣。悲哉！壮哉！翌晨，邑中哄传曰：“义士！义士！”某旅长亦感动，遂罢拉夫之役。

呜呼！晚近以来，士夫见利则趋，见害则避，求一为民御灾捍患者，曾不数觏。而君毅然舍生取义，方诸古志士仁人，何以过兹？卒年四十，母叶氏，至今健在，年八十七。当时乡人有慰藉之者，则曰：“吾子为保卫地方人而死，吾何憾乎？”遗孤四：曰鼎华、曰鼎彝、曰鼎泽、曰鼎源，善人有后，可以前知。君卒后二十三年，鼎华持状来乞为记，余以君矫矫亮节，不独宜载《邑志》《省志》，当达史馆之传，亦吾邑之荣，邦国之光也。

论曰：悲哉！拉夫之惨也。前齐燮元柄省政时，饬役拉夫，吾苏有某姓四人，祖母一，子、妇各一，孙一，年弱冠，被强拉去，其祖母思孙，哭泣兼旬，竟死；其子亦恐被拉，既痛其母，又藏匿惊悸，越数日亦死；其妇无以为活，投水死；噩耗传知其子，痛极，亦投缳死。一家四人，先后毕命，余尝作《拉夫行》以哀之，载诸《军箴》。悲哉！拉夫之惨也。唐李遐叔曰：“苍苍蒸民，谁无父母？谁无兄弟？谁无夫妇？生也何恩？杀之何咎？”读其文，思其惨状，有不潸然出涕者乎？今观杨君殉一人之性命，保全数百家之性命，仁哉！慈哉！义哉！烈哉！窃谓吾乡之人，宜尸祝而祠祀之也。后之主持军政者，其亦以君为矜式，而造福于子孙黎民乎？

丁亥冬月，马伯英镌。

楊君俊丞自戕殉職事記　邑人唐文治敬撰　陸佐虞敬書
君姓楊氏諱瑛字俊丞吾婁庠生幼廉潔自持志趣邁流俗當前清之季各省設立巡警學堂以謀自衛吾蘇亦興辦警校當道檄
各縣保送傑出人才入校肄業君應選卒業後邑令委辦本邑警務君之任釐訂章則綏靖閭閻踔厲風發□時莽常周歷各鄉稽
覈戶口緝捕奸宄曰保境安良吾之責也於是輿情愛戴當道嘉鮮之迭次獎勉由警務課長洊升警察所長叙一等警佐民國
十三年遂有自戕殉職之事初民國二年夏南北戰爭事起滬軍自嘐城退守太倉北兵窮追將入邑境訛言朋興情勢岌岌君偕
邑令洪伯言先生及當地紳商奔走籲貸說南軍繳械洎北兵至優加犒勞得免戰禍邑中慶安賴其苦心調處厥功至大十三年
江浙齊盧之戰吾邑地當衝要夏歷八月四日大軍麕集駐太蘇軍某旅長責令君限一日內拉民夫三百名用以輸送彈藥軍法
森嚴急於星火君默然不應退則泫然自□吾何忍驅擾同鄉良民俾父老兄弟離散哭別耶吾死不過一家哭若拉夫則千家百
家一路哭矣遂於是夜二時在任所寢室以自備手槍置胸前發彈自戕卒鳴呼方是時也草木凄悲鬼神飲泣悲哉壯哉君歿邑
中聞傳曰義士義士某旅長亦感動遂罷拉夫之役嗚呼晚近以來士夫見利則趨見害則避求一為民禦災捍患者曾不數覯而
君毅然舍生取義方諸古志士仁人何以過茲卒年四十母葉氏至今健在年八十七當時鄉人有慰藉之者則曰吾子為保衛地
方人而死吾何憾乎遺孫四曰鼎華曰鼎彝曰鼎澤曰鼎源善合有後可以前知君卒後二十三年鼎華持狀來乞為記余以君為
矯亮節不獨宜載邑志省志當達史館之傳亦吾邑之榮邦國之光也
論曰悲哉拉夫之慘也前齊燮元柄吾政時飭役拉夫吾蘇有某姓四人祖母一子婦各一孫一甫弱冠被強拉去其祖母思孫哭
泣兼旬竟死其子亦恐被拉既痛其母又藏匿驚悸越數日亦死其婦無以為活投水死噩耗傳知其子痛極亦投繯死一家四人
先後畢命余嘗作拉夫行以哀之載諸□集咸悲哉拉夫之慘也唐李遐叔曰蒼蒼蒸民誰無父母誰無兄弟誰無夫婦生也何恩殺
之何咎讀其文思其慘□有□□□弟□子今觀楊君殉一人之性命保全數百家之性命仁哉義哉烈哉竊謂吾□之人
宜尸祝而祠祀□□□□□□□□□□君為矜式而造福於子孫黎民乎
丁亥冬月　馬伯英鐫

唐文治撰
《钱君诗侬殉职碑记》原石

高128厘米，宽52厘米
本馆旧藏

1947年刻。本书录原石拓本。碑文记述了1937年中日淞沪会战爆发，军队欲征太仓县积谷移充军饷，而时任太仓县积谷委员会职员的钱自辉（字诗侬）在上缴了积谷后，却难以面对城空如洗的局面，遂投城河殉职之事。1947年，在钱诗侬逝世十周年之际，乡里人士相约开会追悼，并请唐文治撰文以勒石。

碑由唐文治撰文，徐元熙书，马伯英镌。释文、标点如下：

钱君诗侬殉职碑记

有明刘蕺山先生，讳宗周，著《圣学三关》曰："人己关，义利关，生死关。"意谓凡人破此三关，乃得为完人。孟子谓："尽其道而死者，正命也。"斯即能破生死关者也。晚近以来，人心陷溺。吾邑具有气节者，前有杨君俊丞，继之者，则吾世兄钱君诗侬。

君讳自辉，诗侬其字，太仓县人。考讳宫极，字会甫，文治幼时之业师也。妣胡太夫人，先母太夫人之妹也。昆季三人，君居长，清光绪二十八年游于庠，科举废，毕业上海半泾园师范学校，历任本县公立学校校长暨劝学所学务委员。品谊纯洁，教思不倦，垂三十余年，成绩烂然。丁丑秋，日寇内衅，时君任本县积谷委员会职员，已历四稔。沪太密迩，铁鸟翔空，震惊百里。维时抗战国军赖此谷食，移充饷需。君从容以应其求，嗣以城空如洗，艰于应付，日处斗城，岌乎莫保。叹曰："国事阽危若此，安用家与身为？"乃整缴档案于当局，投邑之小北门外睢阳庙前城河死，时丁丑九月十八日也。春秋五十有八。

君德配某氏。子克培，抗战时辗转入川，现在渝攻读。女德培，适同里赵学能。日月不居，今岁为君殉难十周之期，乡人士相约开会追悼，及门陆生恩溥驰书请为文以勒石。文治追念师门，并佩君高节，不禁潸焉流涕也。昔太史公作《屈灵均传》曰："其志洁，其行廉。"君之投渊与屈子之投江，其遇虽殊，而其志节则一也。古今人岂不相及哉！谨纪其事，以告世之激励气节者。

世愚弟唐文治拜撰，同学弟徐元熙拜书。

中华民国三十六年，岁次强圉大渊献阳月二十日。

马伯英镌。

錢君詩儂殉職碑記

有明劉蕺山先生諱宗周著聖學三關曰人己關義利關生死關意謂凡人破此三關乃得爲完人今孟子謂盡其道而死者正命也斯即能破生死關者也晚近以來人心陷溺吾邑具有氣節者前有楊君俊丞繼之者則吾世兄錢君詩儂君諱自輝詩儂其字太倉縣人考諱宫極字會甫文治幼時之業師也妣胡太夫人先母太夫人之妹也昆季三人君居長清光緒二十八年遊於庠科舉廢畢業上海半涇園師範學校歷任本縣公立學校校長暨勸學所學務委員品誼純潔教思不倦垂三十餘年成績斕然丁丑秋日寇内犯時君任本縣積穀委員會職員已歷四稔滬太寇逼鐵鳥翔空震驚百里維時抗戰國軍賴此穀食移充餉需君從容以應其求嗣以城空如洗艱於應付日處斗城岌乎莫保嘆曰國事阽危若此安用家與身爲乃整繳檔案於當局投邑之小北門外睢陽廟前城河死時丁丑九月十八日也春秋五十有八君德配葉氏子兆培抗戰時輾轉入川現在渝攻讀女德培適同里趙學能日月不居今歲爲君殉難十周之期鄉人士相約開會追悼及門陸生恩溥馳書請爲文以勒石文治追念師門并佩君高節不禁潸焉流涕也昔太史公作屈靈均傳曰其志潔其行廉君之投淵與屈子之投江其遇雖殊而其氣節則一也古今人豈不相及哉謹紀其事以告世之激勵氣節者

世愚弟唐文治拜撰　同學弟徐元熙拜書

中華民國三十六年歲次強圉大淵獻陽月二十日

馬伯英鐫

书　画

收录太仓博物馆馆藏唐文治相关书画 21 种，其中，陆以贞绘《摩诘高风图》由唐文治题名，虽为代笔，然系经先生认可之作，且因先生鲜少为书画题名、署款，仍属难得；其余 20 种书画均为唐文治的学生、故交于 1986 年为纪念先生而创作并捐赠，其中不乏陆定一、周谷城、朱屺瞻、蔡尚思、蒋天枢、宋文治、王蘧常、唐云等名人、名家之作。

1

唐文治题、陆以贞绘《摩诘高风图》

纵129.5厘米，横43.5厘米
1986年陆孝平捐赠

《摩诘高风图》绘唐代诗人王维（字摩诘）在辋川别业隐居场景。陆以贞绘图并题，旁有李士龙、诸季迟题，诗塘为行楷书“起元仁世兄法绘，摩诘高风，唐文治题”，后钤“唐文治章”（白文）、“清农工商部尚书”（朱文）。

陆以贞，字吉人，号起元，江苏太仓人，北京国立法政专门学校毕业，喜吟咏，善丹青，为唐文治同乡故交。此画作于癸巳年，即1953年，此时唐文治已88岁高龄，且因眼疾致盲已多年，故此处题书当非亲笔，然书法精严，款印俱全，可视为经认可的代笔之作。

此画捐赠者陆孝平乃陆以贞之子。陆孝平（1931— ），清华大学土木工程系毕业，长期从事水利规划及科研工作，曾任水利部计划司司长。

2

陆定一题
《唐文治先生纪念室》

纵25.5厘米，横72厘米
1986年陆定一捐赠

释文：唐文治先生纪念室。陆定一书。
钤印：陆定一（白文）。

陆定一（1906—1996），江苏无锡人，杰出的无产阶级革命家、党的宣传思想战线的卓越领导人。1925年加入中国共产党，1926年毕业于南洋公学（上海交通大学前身）。中华人民共和国成立后，历任中共中央宣传部部长，国务院副总理，全国政协副主席等职。

3

周谷城题
《唐文治先生纪念室》

纵21厘米，横98.5厘米
1986年周谷城捐赠

释文：唐文治先生纪念室。周谷城题。
钤印：周谷城（朱文）。

周谷城（1898—1996），湖南益阳人，著名历史学家、教育家、社会活动家，曾任全国人大常委会副委员长。1940年，周谷城在唐文治任校长的无锡国专沪校任教。

先生纪念室
陆定一书

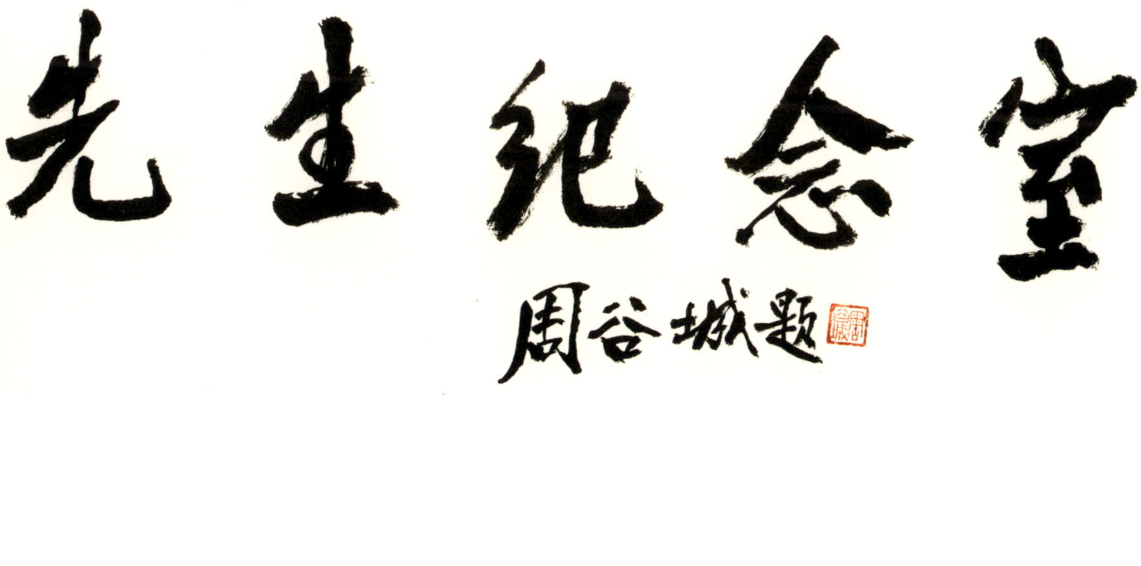
先生纪念室
周谷城题

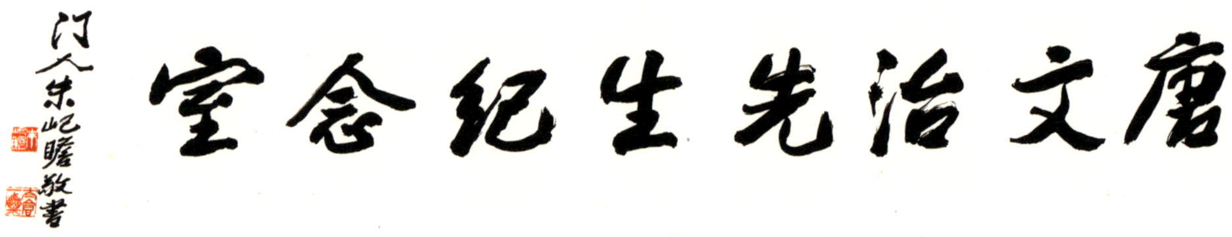

4

朱屺瞻题
《唐文治先生纪念室》

纵31厘米，横130.5厘米
1986年朱屺瞻捐赠

释文：唐文治先生纪念室。门人朱屺瞻敬书。
钤印：朱屺瞻（白文），太仓一粟（朱文）。

朱屺瞻（1892—1996），江苏太仓人，著名画家，曾任上海中国画院画师、上海市文史研究馆馆员、西泠印社顾问等职。朱屺瞻是唐文治的表侄，于1908年考入唐文治任监督的邮传部上海高等实业学堂，成为唐文治的弟子，故其自称“门人”。

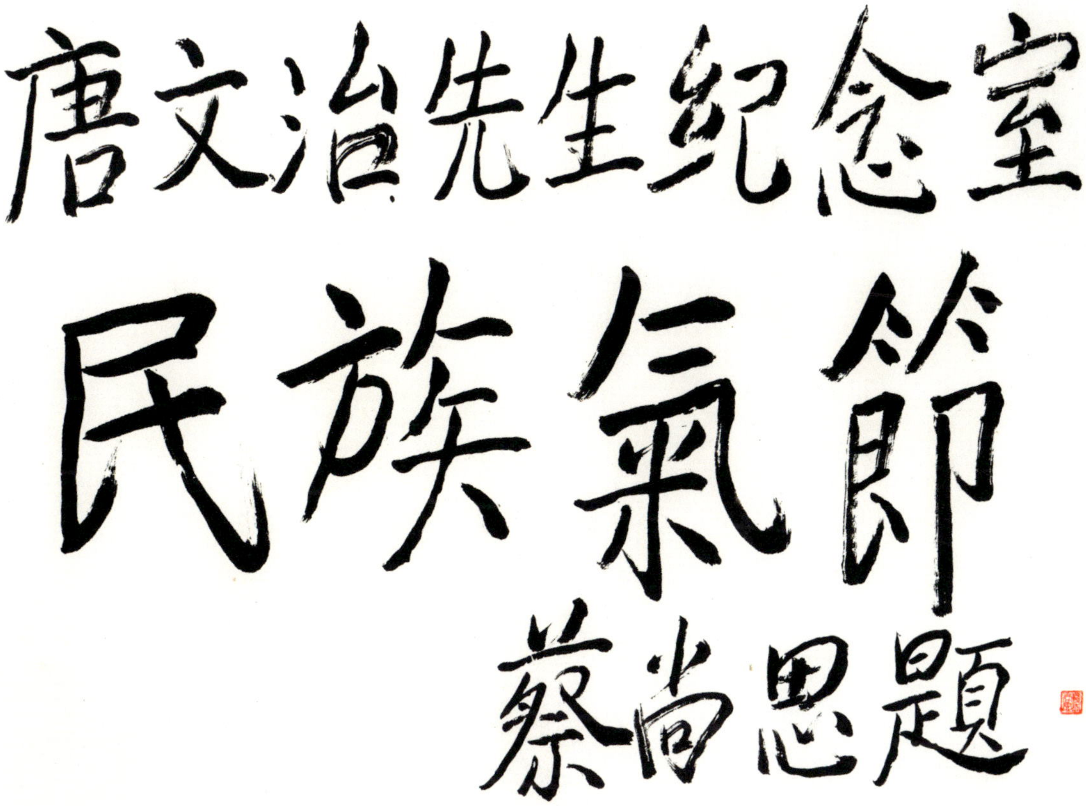

5

蔡尚思行书题辞

纵48厘米，横72厘米
1986年蔡尚思捐赠

释文：唐文治先生纪念室：民族气节。蔡尚思题。
钤印：蔡尚思（朱文）。

蔡尚思（1905—2008），福建德化人。著名历史学家，中国思想史研究专家。历任复旦大学、沪江大学、光华大学、东吴大学、无锡国学专修学校教授。中华人民共和国成立后任复旦大学历史学系主任、副校长等职。

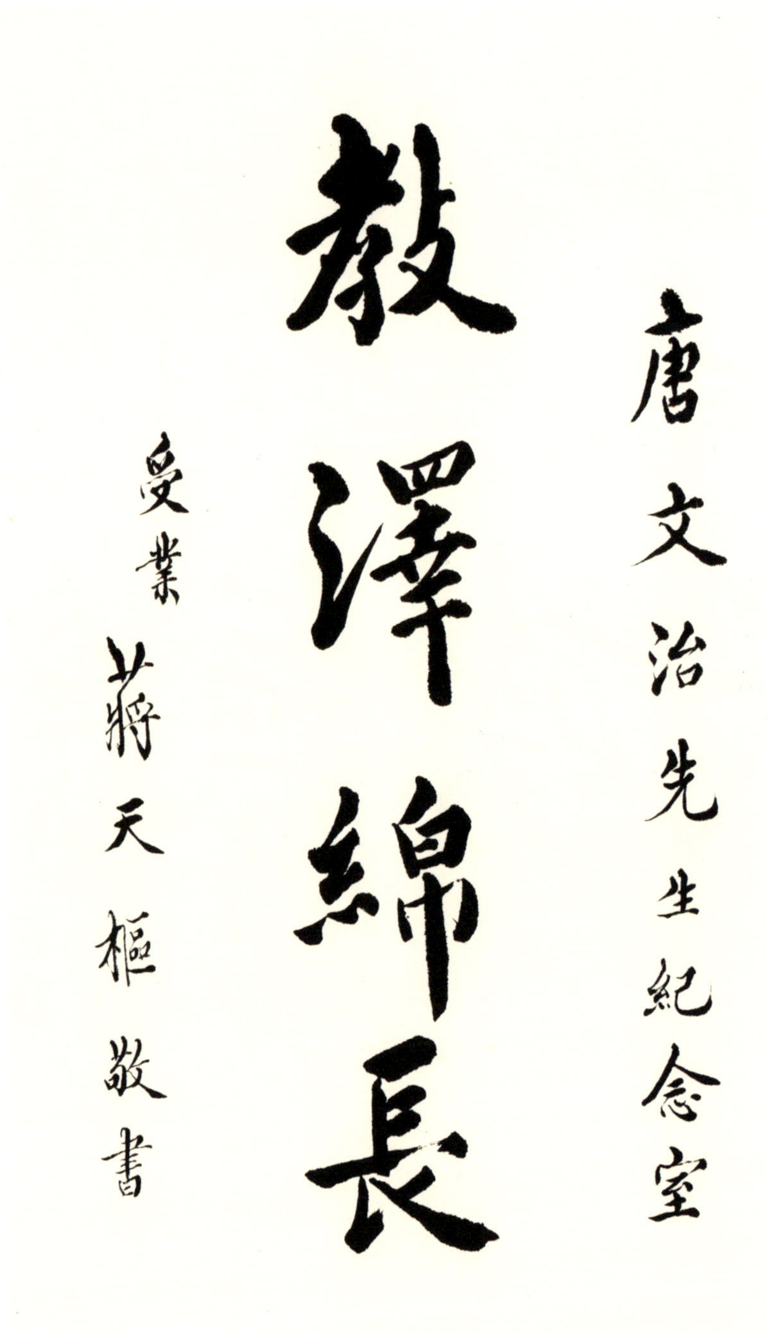

6

蒋天枢行书题辞

纵67厘米，横27.5厘米
1986年蒋天枢捐赠

释文：唐文治先生纪念室：教泽绵长。受业蒋天枢敬书。

蒋天枢（1903—1988），字秉南，江苏丰县人，著名学者。早年就读于无锡国专，师从唐文治；后考入清华研究院国学门，师从陈寅恪。后长期任复旦大学中文系教授。晚年全力搜集、整理陈寅恪著作。

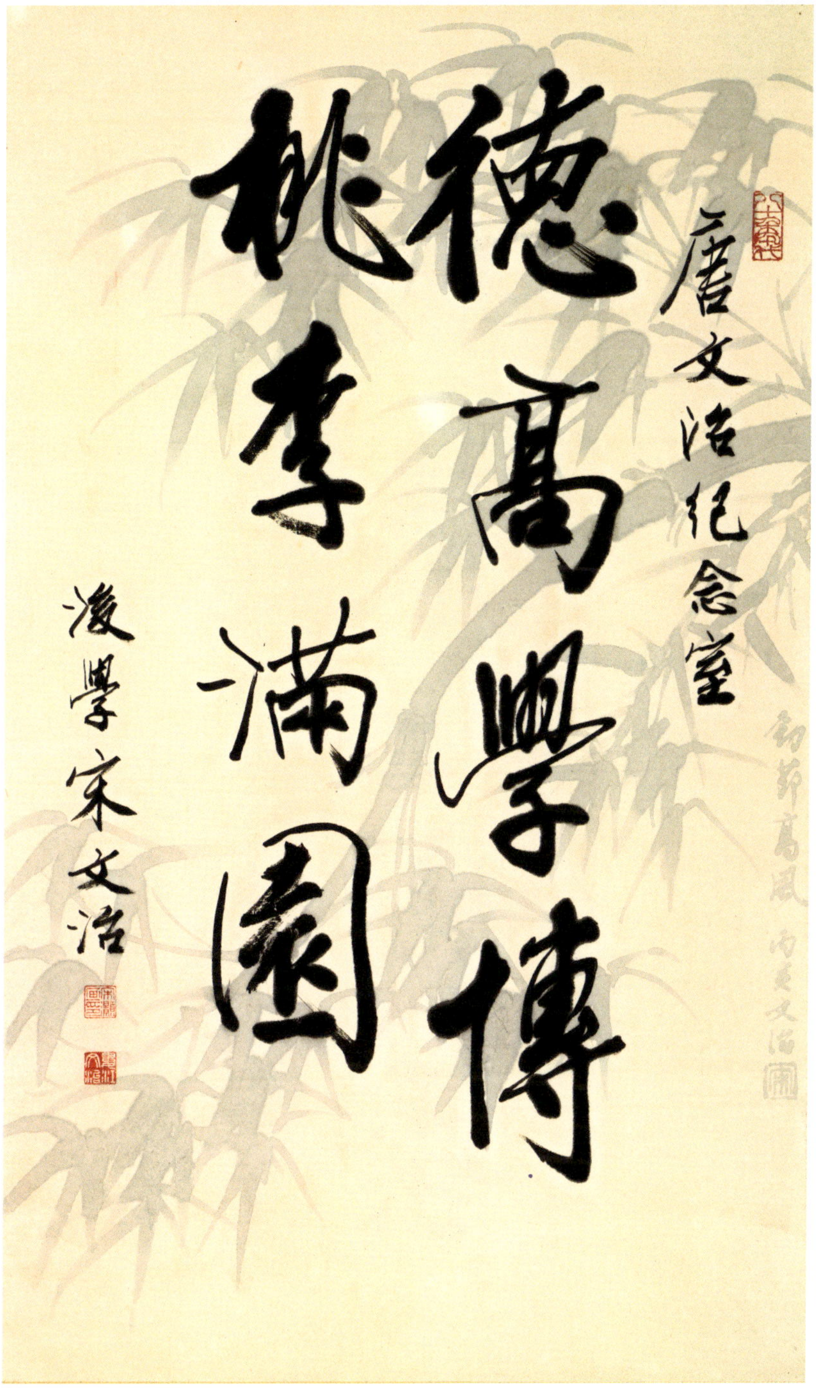

7

宋文治行书题辞

纵80厘米，横48.5厘米
1986年宋文治捐赠

释文：唐文治纪念室：德高学博，桃李满园。后学宋文治。
钤印：八十年代（朱文），宋灏画印（朱文），娄江文治（白文）。

宋文治（1919—1999），江苏太仓人。著名画家。曾任江苏省美协副主席、江苏省国画院副院长、南京大学教授等职。

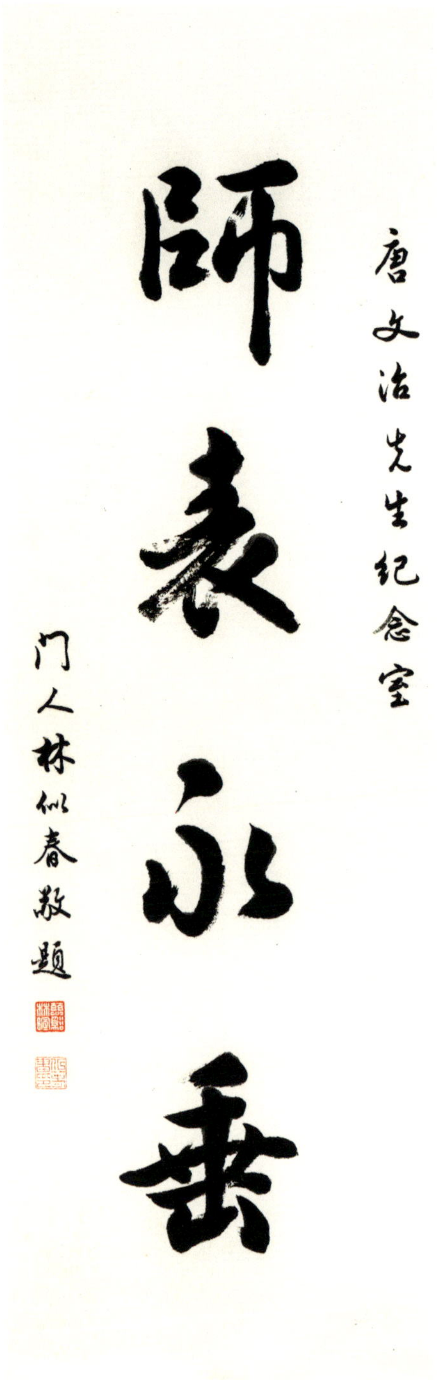

8

林似春行书题辞

纵100厘米，横33.5厘米
1986年林似春捐赠

释文：唐文治先生纪念室：师表永垂。门人林似春敬题。
钤印：慈溪林暄（白文），似春书印（朱文）。

林似春（1917—1996），原名暄，字似春。浙江慈溪人，著名书法家。早年就读于无锡国专上海分校，为唐文治弟子。

9

唐云行书对联

每联纵137.5厘米，横22.8厘米
1986年唐云捐赠

释文：唐文治先生纪念馆惠存：千古儒宗教不倦，一方师表泽流长。杭人唐云。
钤印：唐云私印（白文）。

唐云（1910—1993），笔名药翁、大石、侠尘，浙江杭州人。著名书画家。曾任上海中国画院画师、代院长、名誉院长，中国美术家协会上海分会副主席等职。

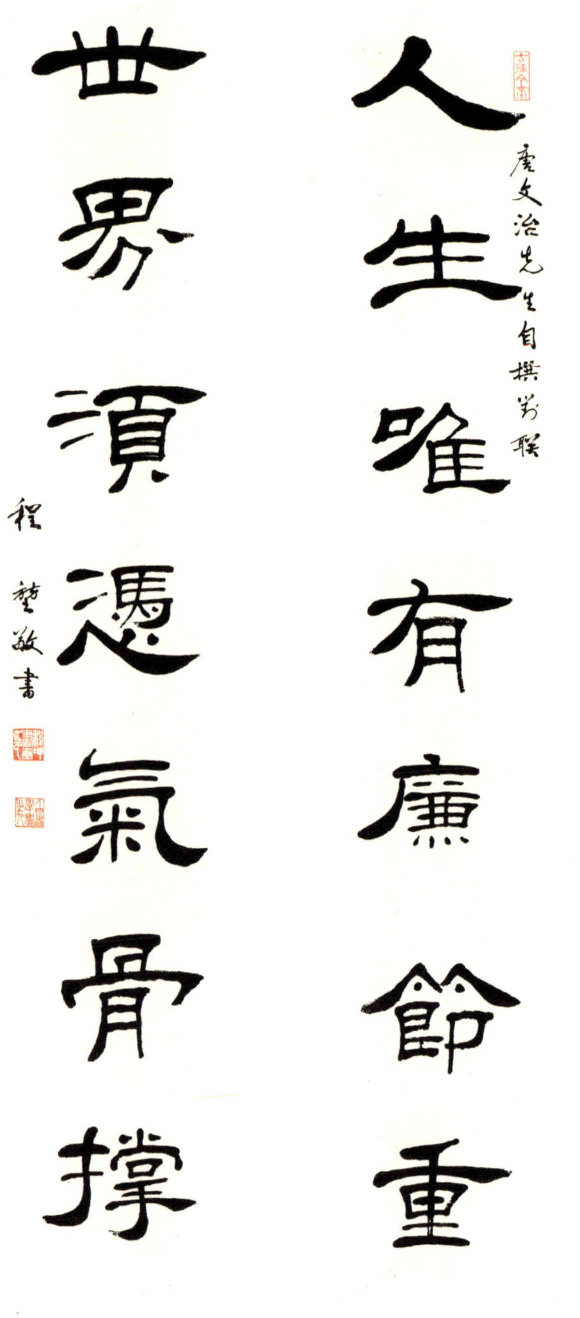

10

程堃隶书对联

每联纵135厘米，横28厘米
1986年程堃捐赠

释文：唐文治先生自撰对联：人生唯有廉节重，世界须凭气骨撑。程堃敬书。
钤印：古往今来（朱文），程坤书画印（白文），白首学书之人（朱文）。

程堃（1931— ），山东莱阳人，曾任无锡市书法家协会主席，江苏省书法家协会理事，顾恺之纪念馆馆长等职。

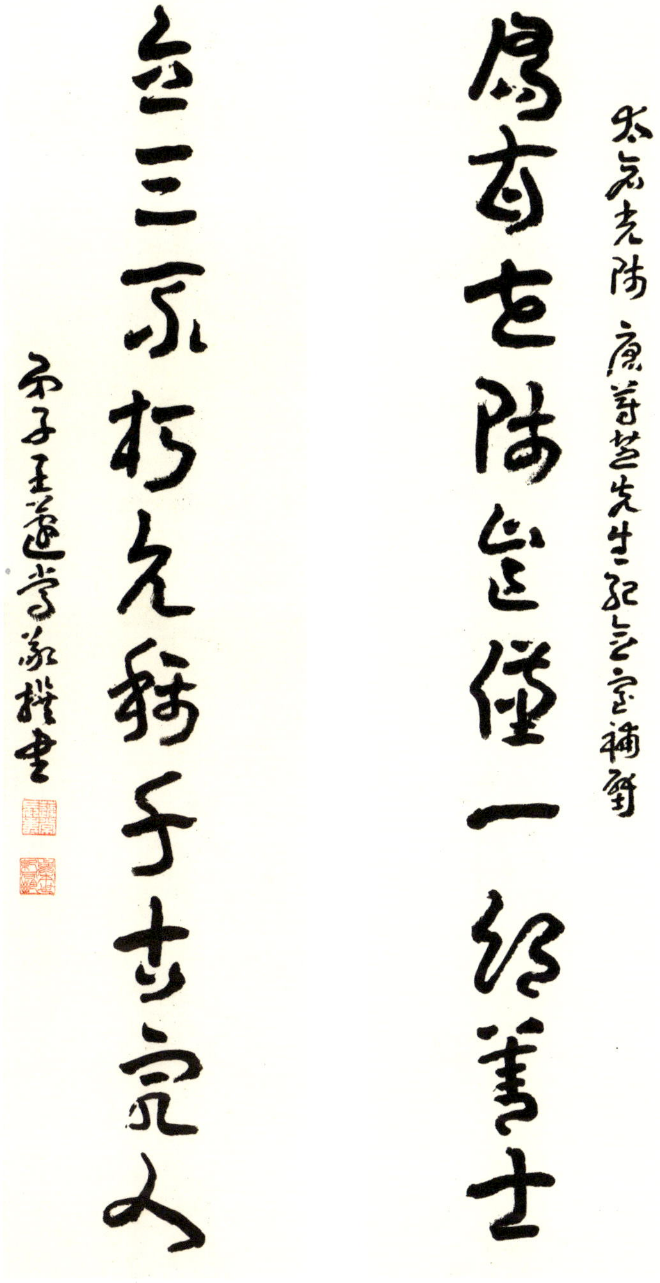

11

王蘧常草书对联

每联纵131厘米，横31.5厘米

1986年王蘧常捐赠

释文：太仓先师唐蔚芝先生纪念室补壁：为百世师岂仅一纪善士，立三不朽允称千古完人。弟子王蘧常敬撰书。

钤印：蘧常长寿（白文），与本世纪同龄（朱文）。

王蘧常（1900—1989），字瑗仲，号明两，浙江嘉兴人，著名历史学家、书法家。1920年入无锡国学专修馆，受业于唐文治。曾任无锡国专教务长、光华大学教授、复旦大学教授等职。精于书法，糅合汉简与章草于一体，独步书坛。

惟天生才皆有用
唐文治師辦學校長室內自題句
他人愛子亦如余
受業弟子翁闓運敬書

12

翁闿运行书对联

每联纵132厘米，横26厘米
1986年翁闿运捐赠

释文：唐文治师办学，校长室内自题句：惟天生才皆有用，他人爱子亦如余。受业弟子翁闿运敬书。
钤印：翁闿运印（白文）。

翁闿运（1912—2006），字慧仁，江苏苏州人，唐文治弟子。曾任上海大学文学院兼职教授，上海中国画院兼职画师，上海市文史研究馆馆员等职。

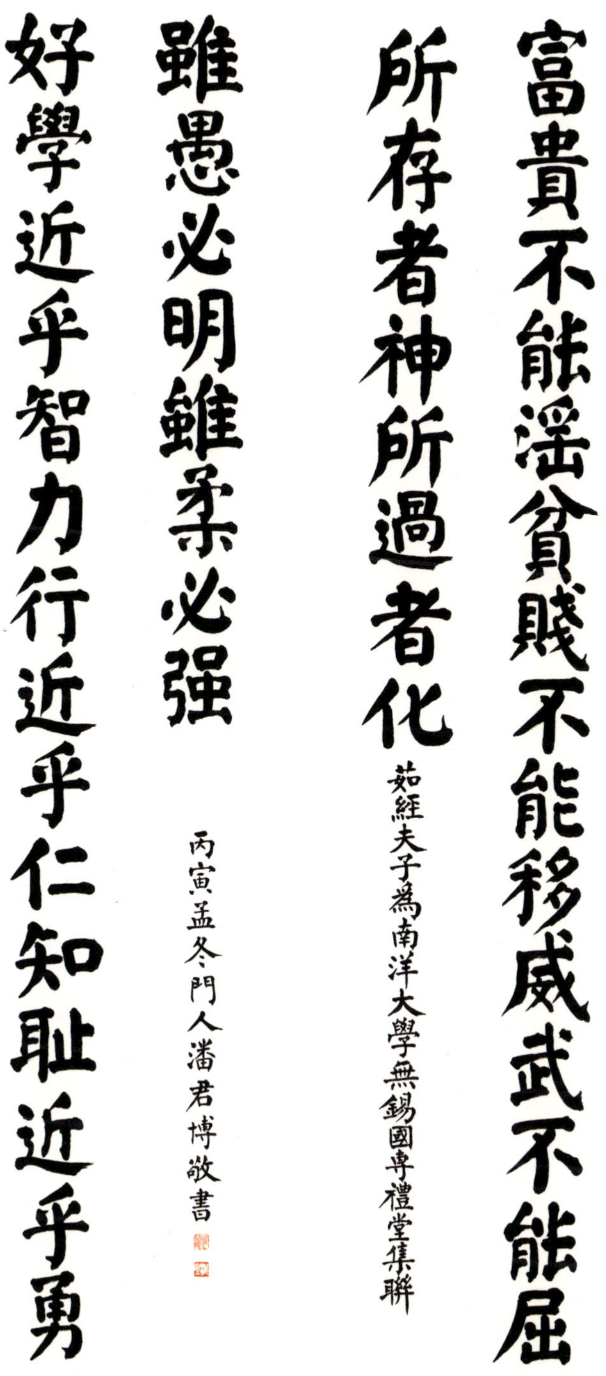
富貴不能淫貧賤不能移威武不能屈
所存者神所過者化
茹經夫子爲南洋大學無錫國專禮堂集聯
雖愚必明雖柔必强
好學近乎智力行近乎仁知耻近乎勇
丙寅孟冬門人潘君博敬書

13

潘君博楷书对联

每联纵170厘米，横41厘米
1986年潘君博捐赠

释文：茹经夫子为南洋大学、无锡国专礼堂集联：富贵不能淫，贫贱不能移，威武不能屈，所存者神，所过者化；好学近乎智，力行近乎仁，知耻近乎勇，虽愚必明，虽柔必强。丙寅孟冬，门人潘君博敬书。
钤印：潘君博（朱文），湛坚（白文）。

潘君博（1912—？），原名湛坚，广东广州人，曾入无锡国专求学，为唐文治弟子，后定居广西梧州，善书法。

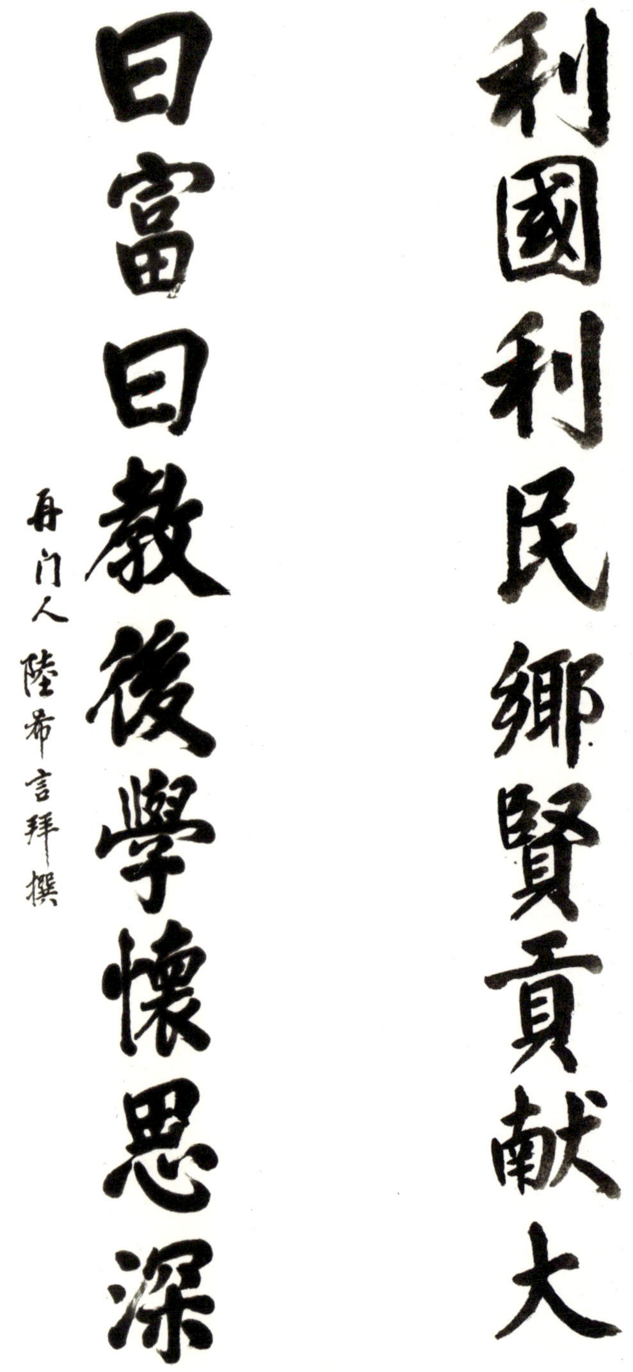

14

陆希言行书对联

每联纵137.5厘米，横34.3厘米
1986年陆希言捐赠

释文：蔚芝太夫子纪念室成立志喜：利国利民乡贤贡献大，日富日教后学怀思深。再门人陆希言拜撰。

陆希言（1902—1994），名庆元，字希言，江苏太仓人，陆修祜之子。陆修祜（1877—1964），字慕陶，号景周，江苏太仓人。清末诸生，半生追随唐文治，为学术秘书，唐先生晚年文章、著作均口述而由修祜代笔，故陆希言自称“再门人”。

15

翁宗庆行书自作诗

纵96厘米，横45.3厘米

1986年翁宗庆捐赠

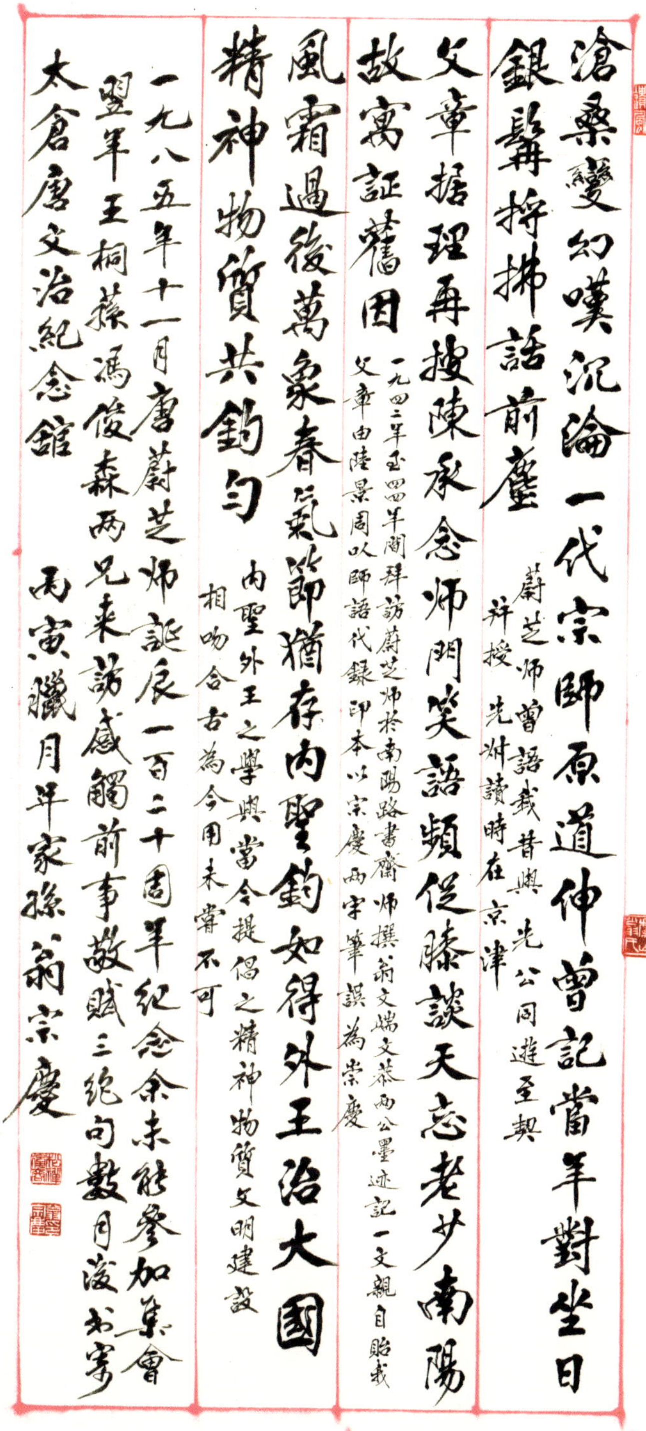

释文：

沧桑变幻叹沉沦，一代宗师原道伸。

曾记当年对坐日，银髯捋拂话前尘。

（蔚芝师曾语我，昔与先公同游至契，并授先叔读，时在京津。）

文章据理再披陈，承念师门笑语频。

促膝谈天忘老少，南阳故寓证旧因。

（一九四二年至四四年间，拜访蔚芝师于南阳路书斋，师撰《翁文端、文恭两公墨迹记》一文，亲自贻我，文章由陆景周以师语代录，印本以“宗庆”两字笔误为“崇庆”。）

风霜过后万象春，气节犹存内圣钧。

如得外王治大国，精神物质共钧匀。

（内圣外王之学与当今提倡之精神物质文明建设相吻合，古为今用，未尝不可。）

一九八五年十一月，唐蔚芝师诞辰一百二十周年纪念，余未能参加集会。翌年，王桐荪、冯俊森两兄来访，感触前事，敬赋三绝句。数月后书寄太仓唐文治纪念馆。丙寅腊月，年家孙翁宗庆。

钤印：瓶庐遗风（白文），虞山翁氏（白文），松禅后裔（朱文），翁宗庆印（白文）。

翁宗庆（1923—2017），江苏常熟人，翁同龢侄玄孙。毕业于复旦大学法律系，上海著名律师，文史学者，鉴藏家。

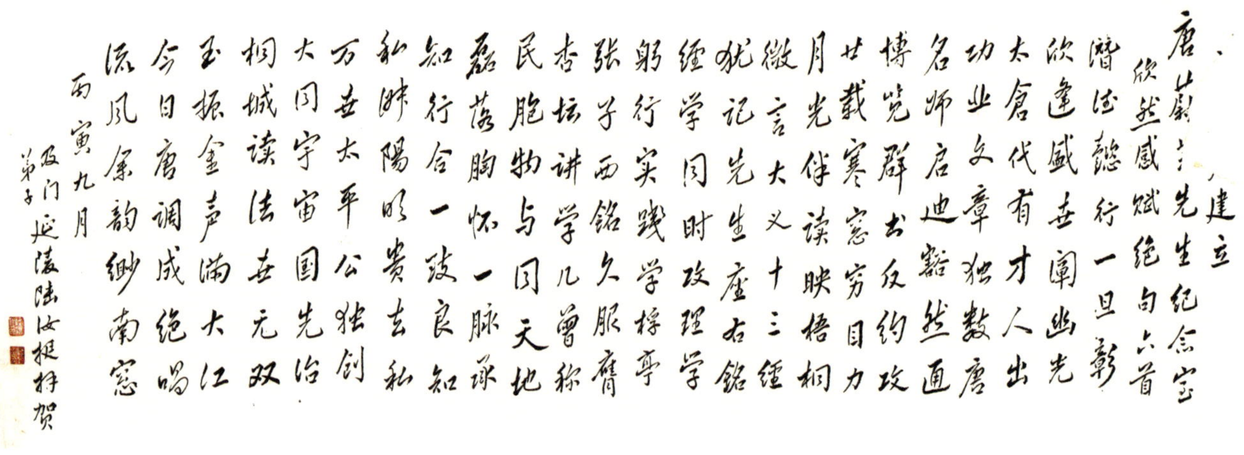

16

陆汝挺行书自作诗

纵107厘米，横35厘米

1986年陆汝挺捐赠

释文：□□□□建立唐蔚芝先生纪念室，欣然感赋绝句六首：

潜德懿行一旦彰，欣逢盛世阐幽光。

太仓代有才人出，功业文章独数唐。

名师启迪豁然通，博览群书反约攻。

廿载寒窗穷目力，月光伴读映梧桐。

微言大义十三经，犹记先生座右铭。

经学同时攻理学，躬行实践学梓亭。

张子西铭久服膺，杏坛讲学几曾称。

民胞物与同天地，磊落胸怀一脉承。

知行合一致良知，私淑阳明贵去私。

万世太平公独创，大同宇宙国先治。

桐城读法世无双，玉振金声满大江。

今日唐调成绝唱，流风余韵缈南窗。

丙寅九月，及门弟子延陵陆汝挺拜贺。

钤印：陆汝挺印（白文），陆汝挺之印（白文）。

陆汝挺（1922—2009），女，江苏常州人。唐文治弟子，于无锡国专沪校毕业后留校，任唐文治助理秘书，后在常州中学任教。

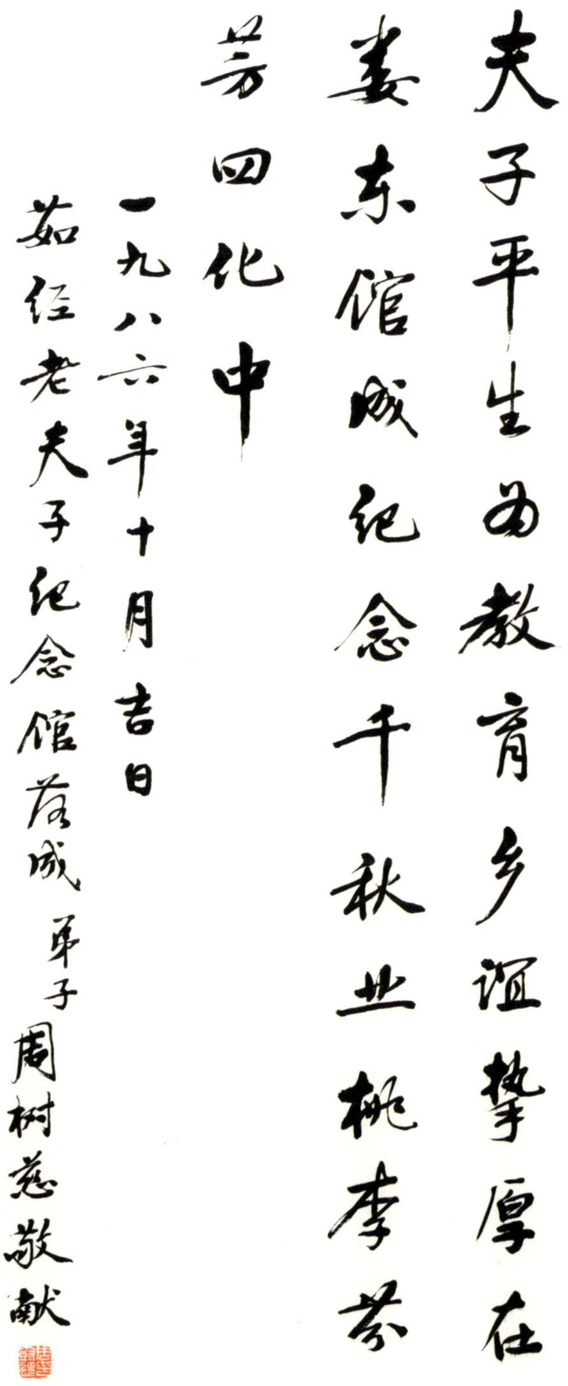

17

周树慈行书自作诗

纵65厘米，横32厘米
1986年周树慈捐赠

释文：
夫子平生为教育，乡谊挚厚在娄东。
馆成纪念千秋业，桃李芬芳四化中。
一九八六年十月吉日，茹经老夫子纪念馆落成，弟子周树慈敬献。
钤印：周树慈印（白文）。

周树慈，字倚梅，江苏太仓人，唐文治弟子，无锡国专第八届毕业生，1948年曾为灌制唐文治读文唱片而奔走。

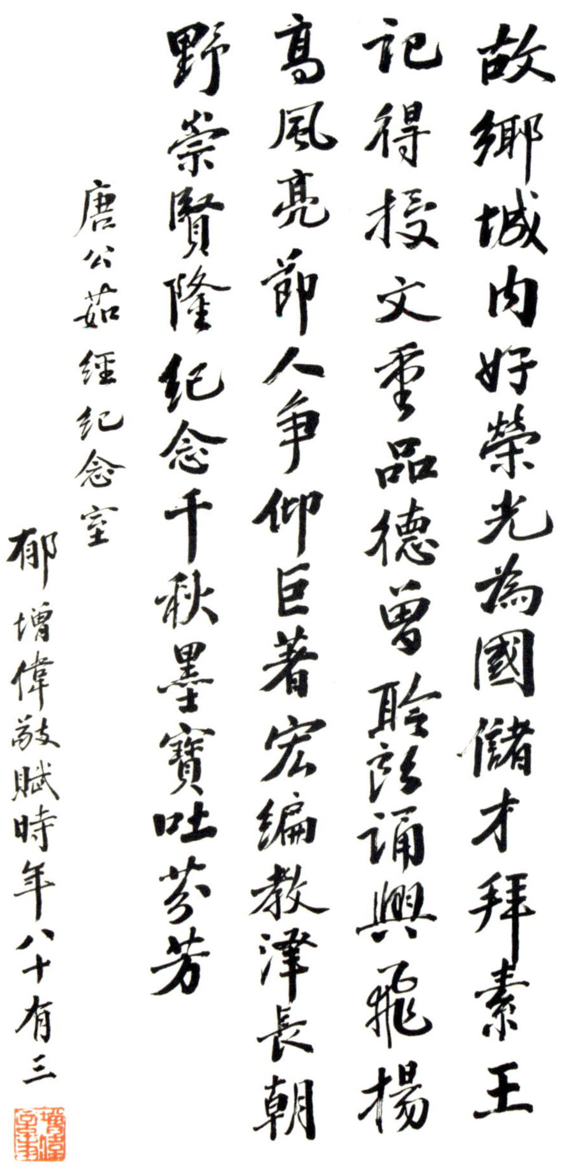

18

郁增伟行书自作诗

纵71.5厘米，横37厘米

1986年郁增伟捐赠

释文：

故乡城内好荣光，为国储材拜素王。

记得授文重品德，曾聆朗诵兴飞扬。

高风亮节人争仰，巨著宏编教泽长。

朝野崇贤隆纪念，千秋墨宝吐芬芳。

唐公茹经纪念室。郁增伟敬赋，时年八十有三。

钤印：增伟言事（朱文）。

郁增伟（1909—2005），江苏太仓人，曾就读于无锡国学专修学校，为唐文治弟子。晚年移居香港。

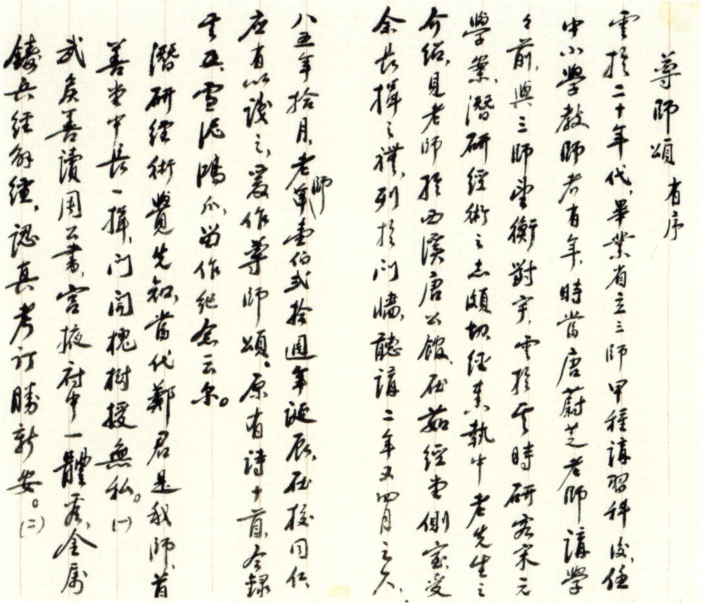

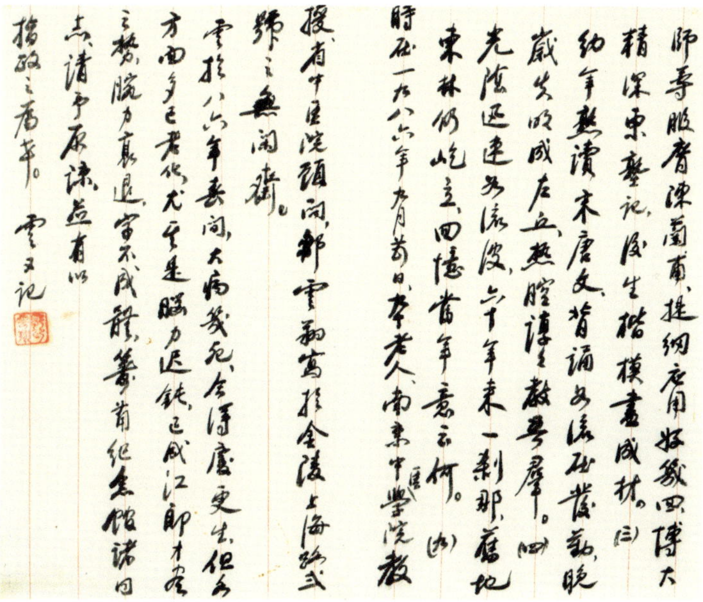

19

邹云翔行书《尊师颂》

共四页，每页纵28厘米，横17厘米

1986年邹云翔捐赠

释文：《尊师颂》，有序。云于二十年代毕业省立三师甲种讲习科，后任中小学教师者有年，时当唐蔚芝老师讲学学前，与三师望衡对宇。云于其时研究《宋元学案》，潜研经术之志颇切，经秦执中老先生之介绍，见老师于西溪唐公馆。在茹经堂侧室，受余长揖之礼，列于门墙，听讲二年又四月之久。八五年十月，老师一百二十周年诞辰，在校同仁，应有以识之，爰作《尊师颂》，原有诗十首，今录其五。雪泥鸿爪，留作纪念云尔：

潜研经术觉先知，当代郑君是我师。

首善堂中长一揖，门开槐树授无私。（一）

武侯善读周公书，宫掖府中一体看。

金属铸兵经解经，认真考订胜新安。（二）

师尊服膺陈兰甫，提纲应用好几回。

博大精深东塾记，后生楷模尽成材。（三）

幼年熟读宋唐文，背诵如流在发勤。

晚岁失明成左丘，热腔谆谆教吾群。（四）

光阴迅速如流波，六十年来一刹那。

旧地东林仍屹立，回忆当年意云何。（九）

时在一九八六年九月廿五日，九十老人、南京中医学院教授、省中医院顾问邹云翔写于金陵上海路二号之无闲斋。

云于八六年春间，大病几死，今得庆更生，但各方面多已老化，尤其是脑力迟钝，已成江郎才尽之势，腕力衰退，字不成体，筹备纪念馆诸同志，请予原谅，并有以指政之为幸。云又记。

钤印：邹云翔印（朱文）。

邹云翔（1896—1988），江苏无锡人，著名中医肾病学家。早年师从唐文治。后改学医。历任南京中医学院副院长，江苏省中医院院长，全国中医学会副理事长等职。

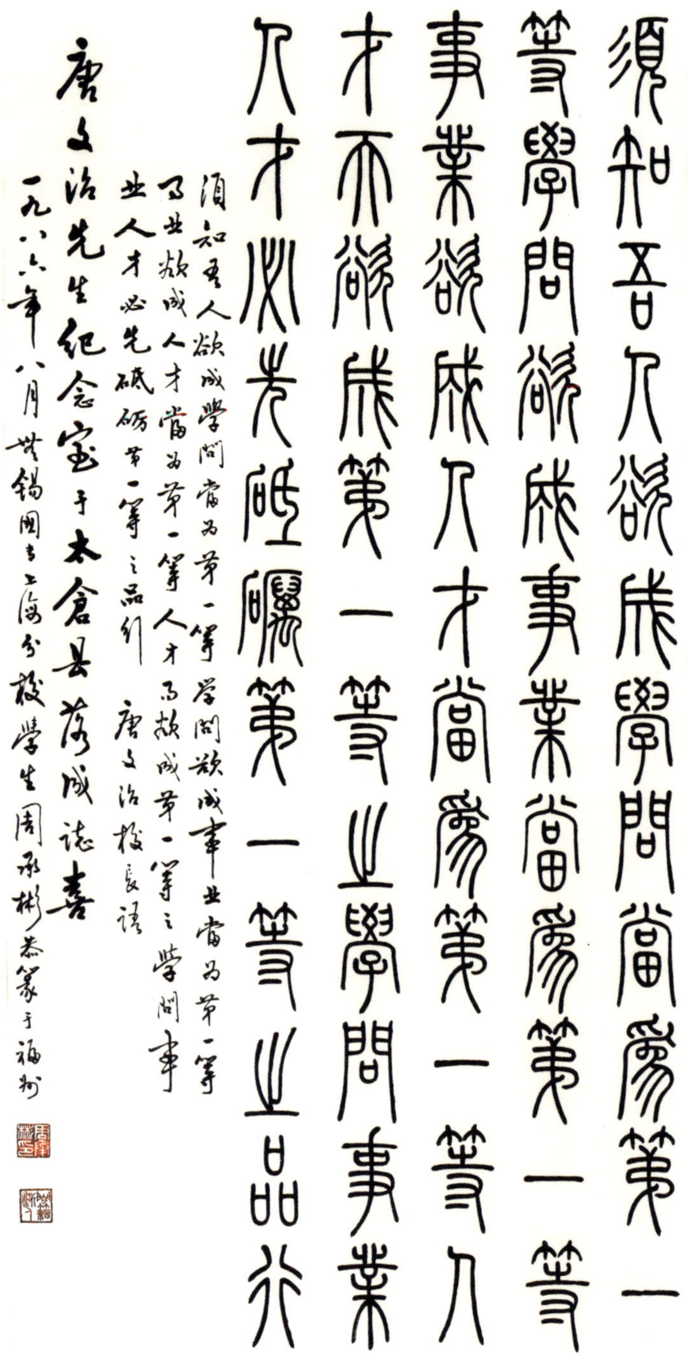

20

周承彬篆书唐文治语

纵123厘米，横62厘米

1986年周承彬捐赠

释文：须知吾人欲成学问，当为第一等学问；欲成事业，当为第一等事业；欲成人才，当为第一等人才。而欲成第一等之学问、事业、人才，必先砥砺第一等之品行。唐文治校长语。唐文治先生纪念室于太仓县落成志喜。一九八六年八月，无锡国专上海分校学生周承彬恭篆于福州。

钤印：周承彬印（白文），闽籍浙人（朱文）。

周承彬，早年入无锡国专上海分校学习，为唐文治弟子。曾从张鲁庵学习书法、篆刻。中华人民共和国成立后，曾任福州市委党史研究室主任。

21

凌霜红绘《茹经堂图》

纵66厘米，横33厘米

1986年凌霜红捐赠

释文：《茹经堂图》。堂在无锡市秦山，为原无锡国学专科学校校友纪念该校校长唐文治蔚芝先生诞辰一百二十周年，而于一九八四年建成者。余于一九八六年六月前往展谒，归写此图，以志景仰，并赋小诗如下：梁溪娄水久通津，复社东林气谊亲。洙泗弦歌存一脉，育才育德育新民。凌霜红。

钤印：霜（朱文），红（白文），越客（白文）。

凌霜红（1909—1997），名伶，字霜红，浙江湖州人，后寓居江苏太仓。曾任人民教育出版社图书科科长。工诗词，善书画。

俞庆棠
俞庆棠篇

遗　物

收录太仓博物馆馆藏俞庆棠遗物 7 种，均由俞庆棠家属捐赠。包括俞庆棠的手稿及生前所用书籍、瓷器、文件等，其中《俞庆棠手稿页》是俞庆棠在 1949 年参加中国人民政治协商会议第一届全体会议后，结合《中国人民政治协商会议共同纲领》和毛主席、周总理及教育部领导对教育工作的指示精神所作记录和想法，是俞先生为中华人民共和国社会教育事业辛勤工作的实物见证；《俞庆棠致胡耐秋信稿》是 1949 年中华人民共和国刚成立时，俞庆棠所拟叮嘱女儿唐孝纯迅速从美国回国工作的电文稿，反映了俞先生要求子女积极投身新中国建设的爱国之诚。

1

1. 书封

1

俞庆恩赠俞庆棠《诗词韵合璧》

长10.5厘米，宽7厘米

2000年唐文治之孙、俞庆棠之子唐孝宣捐赠

全一册，民国六年（1917）扫叶山房石印。此书首页有墨书“但求实学，勿骛虚名。庆棠胞妹惠存，胞兄制庆恩临别赠言。八·八·十六”。据此可知，此书乃俞庆恩临别时赠予胞妹俞庆棠之物，并赠言以勉励。

俞庆恩（1885—1930），江苏太仓人，字凤宾。早年毕业于美国宾夕法尼亚大学医学院，获公共卫生学博士学位。回国后，与颜福庆、伍连德等发起成立了我国医学界第一个学术团体——中华医学会，曾任第三任会长。俞庆恩爱好文学，早年曾加入柳亚子创建的“南社”。

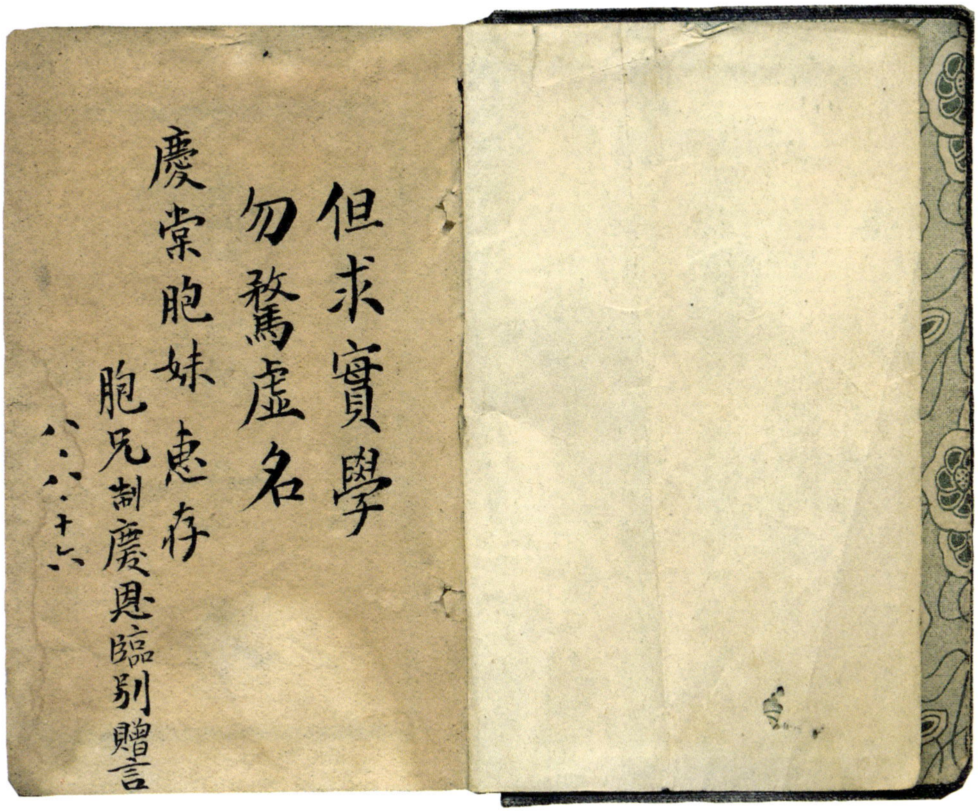
但求實學
勿騖虛名
慶棠胞妹 惠存
胞兄制慶恩臨别贈言
八、八、十六

2

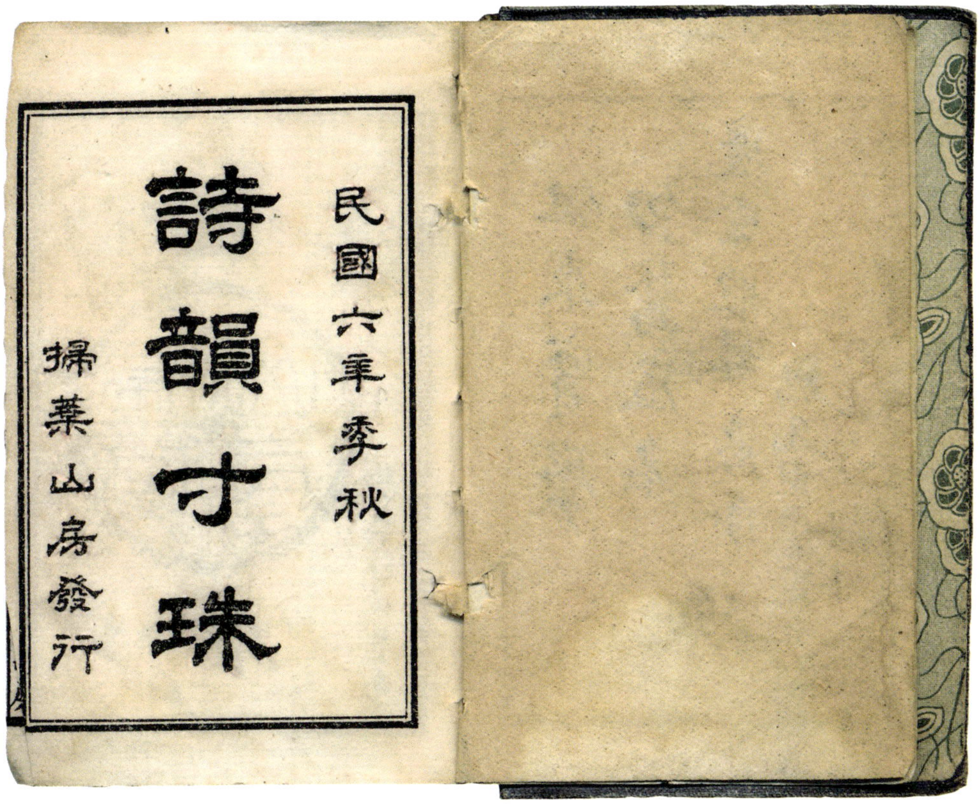
民國六年季秋
詩韻寸珠
掃葉山房發行

3

2. 俞庆恩墨书赠言
3. 牌记

2

喻任声赠俞庆棠瓷碗盖

每件口径18.4厘米，高5厘米
1986年俞庆棠家属捐赠

碗盖共两件，造型、尺寸一致，均有不同程度磕损。盖面以胭脂红彩绘山水，空白处以墨彩书“民国甲戌年秋月，庆棠先生雅玩，喻任声敬赠”。甲戌年为1934年。

喻任声（1903—1963），名锡珩，字任声，湖北黄梅人。美国西北大学毕业，获硕士学位，回国后历任江苏社会教育学院、复旦大学教授等职。抗日战争中投笔从戎。中华人民共和国成立后，任上海晒图纸厂副厂长。

3

学生赠俞庆棠活页夹

长20.5厘米，宽16厘米
1986年俞庆棠家属捐赠

1948年10月，俞庆棠赴美考察战后难童教育与成人补习教育，学生赠此活页夹作为临别留念。活页夹内侧烫印文字：“俞老师出国考察民众教育临别留念，上海市立社会教育人员训练班同学会敬赠，一九四八年九月十五日。”

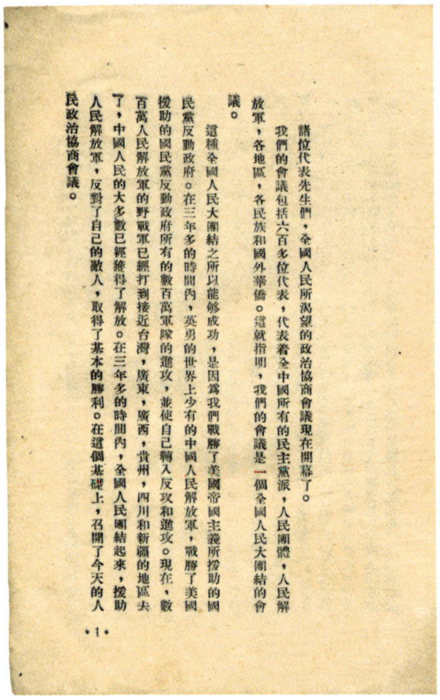

諸位代表先生們，全國人民所渴望的政治協商會議現在開幕了。

我們的會議包括六百多位代表，代表着全中國所有的民主黨派，人民團體，人民解放軍，各地區，各民族和國外華僑。這就指明，我們的會議是一個全國人民大團結的會議。

這種全國人民大團結之所以能夠成功，是因為我們戰勝了美國帝國主義所援助的國民黨反動政府。在三年多的時間內，英勇的世界上少有的中國人民解放軍，戰勝了美國援助的國民黨反動政府所有的數百萬軍隊的進攻，並使自己轉入反攻和進攻。現在，數百萬人民解放軍的野戰軍已經打到接近台灣，廣東，廣西，貴州，四川和新疆的地區去了，中國人民的大多數已經獲得了解放。在三年多的時間內，全國人民團結起來，援助人民解放軍，反對了自己的敵人，取得了基本的勝利。在這個基礎上，召開了今天的人民政治協商會議。

·1·

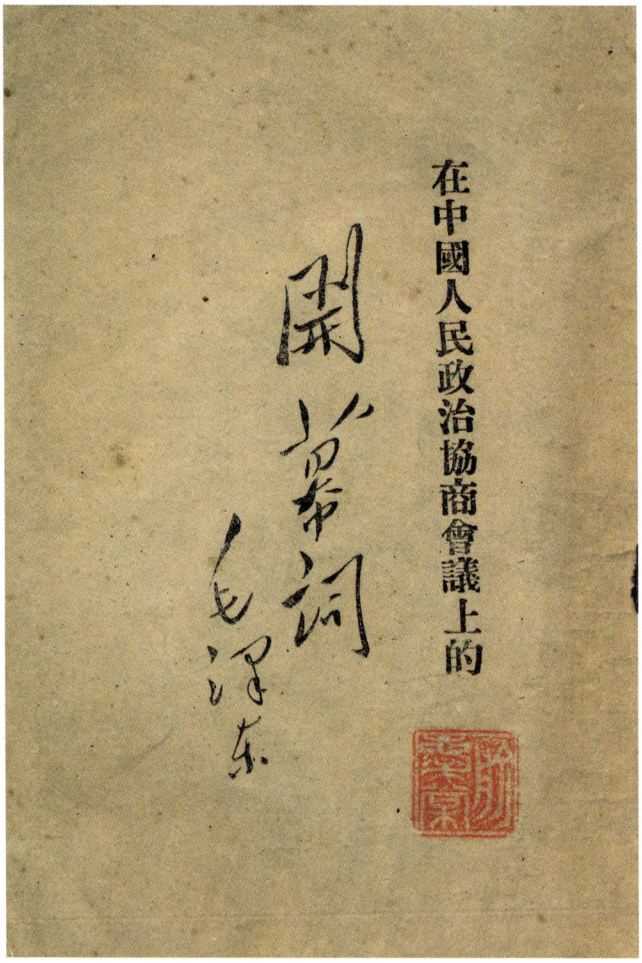

4

俞庆棠自用《在中国人民政治协商会议上的开幕词》

长19厘米，宽13厘米

1986年俞庆棠家属捐赠

1949年9月21日至30日，中国人民政治协商会议第一届全体会议在北京召开。会议代行全国人民代表大会职权，通过了具有临时宪法性质的《中国人民政治协商会议共同纲领》，宣告了中华人民共和国的成立。毛泽东同志在开幕词中豪迈地说：“我们的工作将写在人类的历史上，它将表明：占人类总数四分之一的中国人从此站立起来了。”

俞庆棠作为教育界女性代表，出席了此次会议，此份开幕词即会议所用。封面印有毛泽东同志手书“开幕词”三字及签名，右下角盖有“俞庆棠”三字篆书方形白文印。

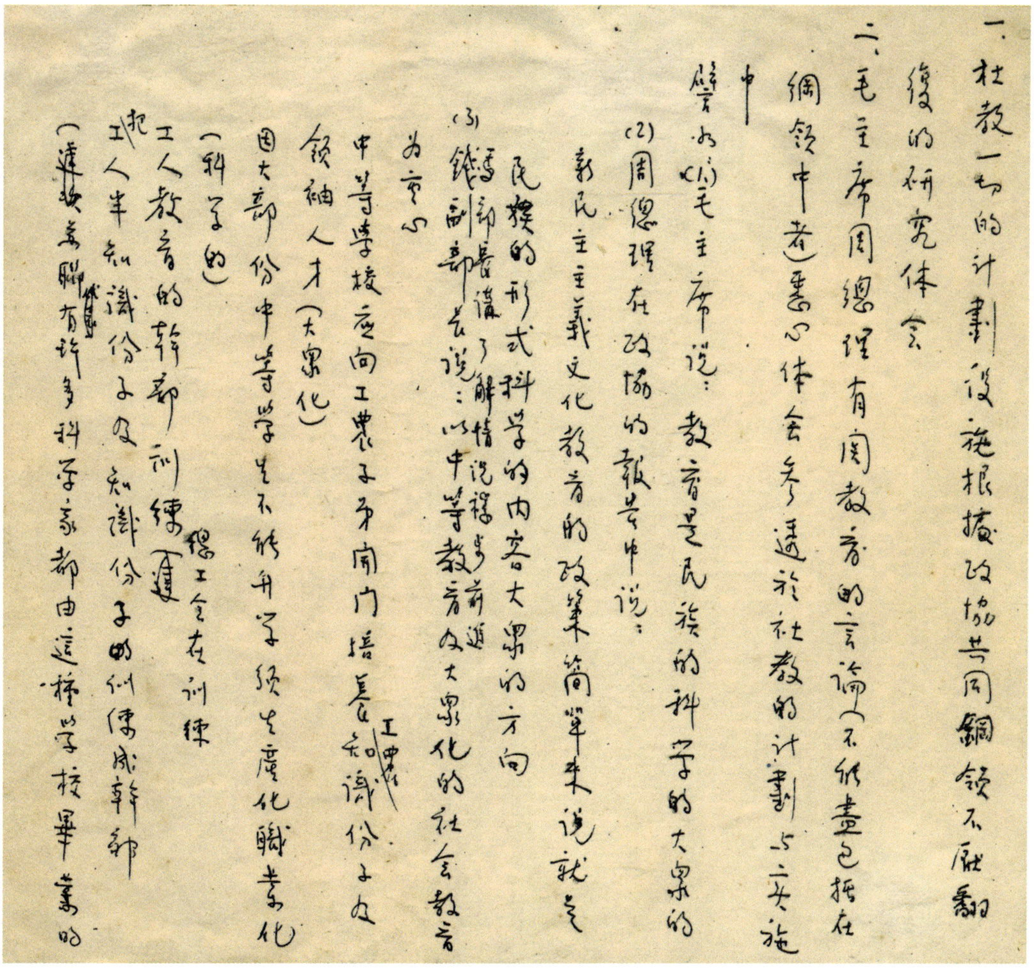

5

俞庆棠手稿页

长20.6厘米，宽18.5厘米
1986年俞庆棠家属捐赠

手稿内容为俞庆棠在1949年参加中国人民政治协商会议第一届全体会议后，结合《中国人民政治协商会议共同纲领》和毛主席、周总理及教育部领导有关教育工作的指示精神所作记录和想法。

一、社教一切的计划设施，根据政协《共同纲领》不厌翻覆的研究体会。

二、毛主席、周总理有关教育的言论（不能尽包括在《纲领》中者），悉心体会参透于社教的计划与实施中，譬如：（1）毛主席说："教育是民族的、科学的、大众的。"（2）周总理在政协的报告中说："新民主主义文化教育的政策，简单来说就是民族的形式、科学的内容、大众的方向。"（3）马部长讲："了解情况，稳步前进"；钱副部长说："以中等教育及大众化的社会教育为重心，中等学校应向工农子弟开门，培养工农知识分子及领袖人才（大众化），因大部分中等学生不能升学，须生产化、职业化（科学的）。工人教育的干部训练（总工会在训练）把工人半知识分子及知识分子训练成干部（苏联有许多科学家都由这种学校毕业的）。"

6

俞庆棠致胡耐秋信稿

长23.5厘米，宽16.5厘米

1986年俞庆棠家属捐赠

中华人民共和国成立之初，俞庆棠的女儿唐孝纯、儿子唐孝宣均在美国留学，此信内容是俞庆棠把所拟叮嘱唐孝纯迅速回国工作的电文请胡耐秋参阅并共同署名。公开资料显示，唐孝纯于1949年11月回国工作。故此信应写于1949年10月间。信中又有“Edward（孝宣）stay”语，即让唐孝宣继续留在美国。不过，到1950年，唐孝宣也回国了。

耐秋：

今日午前至中南海访候未值，又屡打电话未能接谈。今晨俊瑞又来叙谈，并谈及孝纯回国问题，渠意速电嘱回国，兹拟电文如左：“Come back immediately for work，Edward（孝宣）stay.耐秋、庆棠。”谅吾妹必能同意。最近数日中望好好休息为盼，祝康乐。庆棠，三.下午。希望多多休息，裕志，祝好。

胡耐秋（1907—2003），江苏丹阳人。早年毕业于江苏省立教育学院，为俞庆棠学生，与唐孝纯在上海市立实验民众学校共事。1940年加入中国共产党。中华人民共和国成立后，曾任全国妇联书记处书记等职。

唐孝纯（1923－2020），唐文治孙女、俞庆棠之女。1946年加入中国共产党，1948年在美国克罗拉多州立教育学院获硕士学位，1948至1949年在美国哥伦比亚大学师范学院攻读研究生课程，回国后曾长期担任中国人民大学外国语学院外语教研室主任。

耐秋：

今午（日）前去中南海訪候未值，又屢打電話未能接談。今晨俊瑞又來叙談，並談及李純回國問題。渠意速電催回國，並擬電文如左：

"Come back immediately for work Edward(李純)

Stay 耐秋 慶棠"

請吾妹斟酌同意，最近數日中請好好休息為盼。祝

康樂

慶棠 二、下午

希望多多休息 裕志 祝好

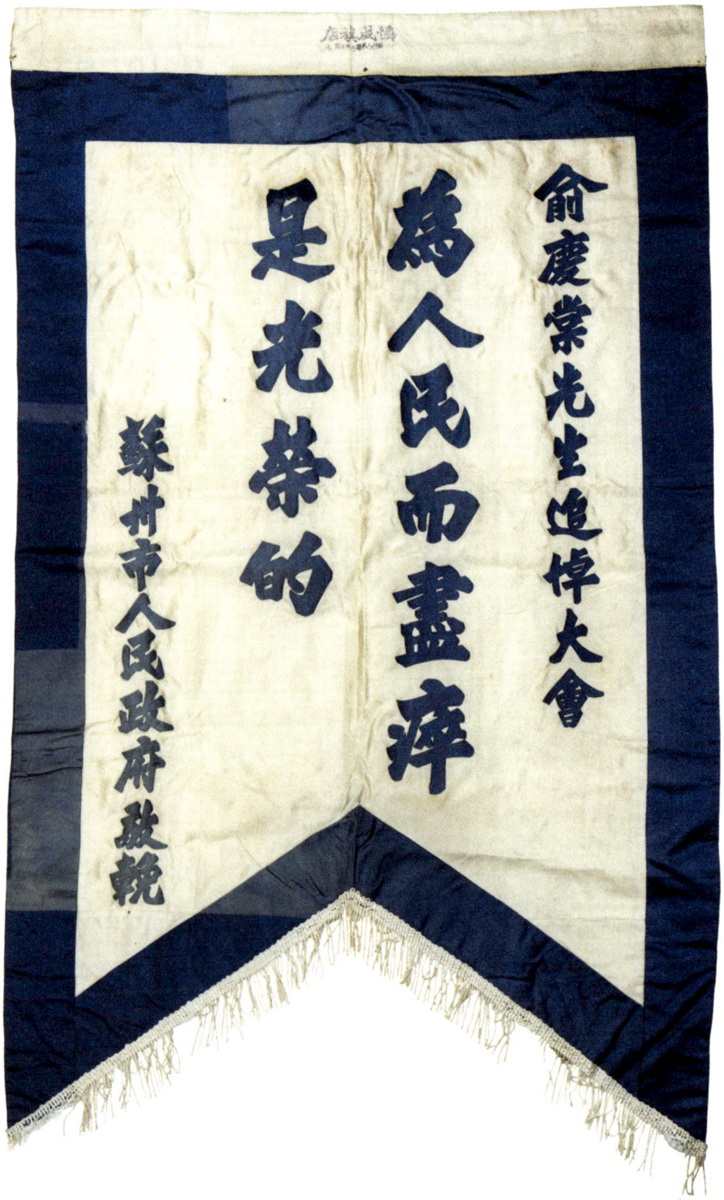

7

苏州市人民政府追悼俞庆棠挽旗

长94厘米，宽61厘米
1986年俞庆棠家属捐赠

1949年12月5日凌晨，时任教育部社会教育司司长的俞庆棠因劳累过度，在教育部宿舍突发脑溢血逝世，享年五十三岁。6日，教育部举行公祭，周恩来总理亲自参加；15日，举行追悼会，教育部部长马叙伦主持，黄炎培、郭沫若、邓颖超、沈雁冰、茅以升等参加。

此幅挽旗为苏州市人民政府所献，丝质，白底蓝字，挽文为：“俞庆棠先生追悼大会：为人民而尽瘁是光荣的。苏州市人民政府敬挽。”

著　作

收录太仓博物馆馆藏俞庆棠著作2种，包括俞庆棠、孟宪承合译《思维与教学》1种，俞庆棠编著《民众教育》1种，均为民国时期公开出版物，其中《民众教育》一书被列入"教育部审定师范学校"用书，是体现俞庆棠民众教育思想的代表性著作。

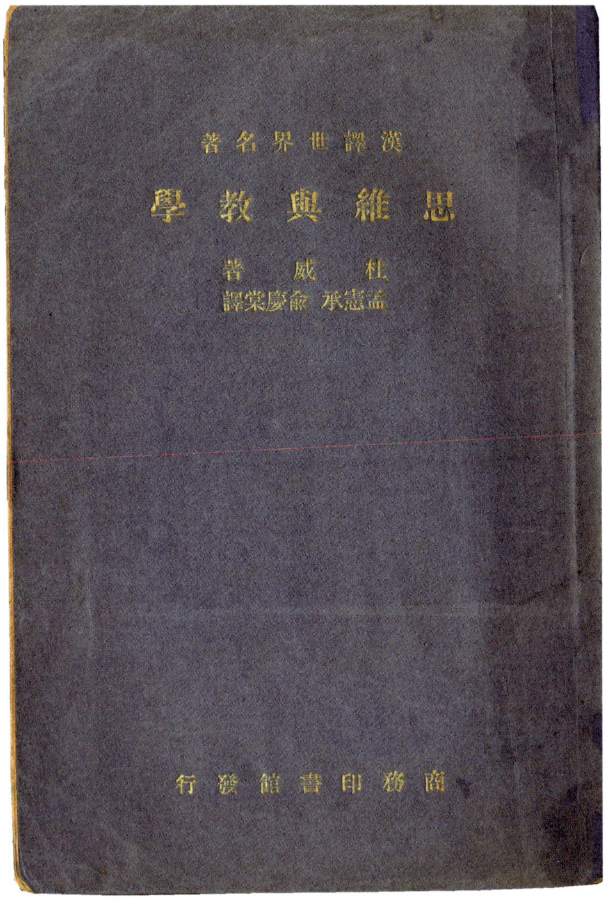

1

1. 封面

1

俞庆棠、孟宪承合译《思维与教学》

长19厘米，宽13厘米
本馆旧藏

全一册，1934年商务印书馆出版。《思维与教学》是美国实用主义哲学家、哥伦比亚大学教授约翰·杜威的教育学著作。俞庆棠早年留学于哥伦比亚大学师范学院，受业于杜威，回国后与教育学家孟宪承合译了此书，并被列入商务印书馆“汉译世界名著”丛书出版。

孟宪承（1894—1967），江苏省武进人。现代著名教育家与教育理论家。早年留学欧美，研读教育学。回国后，历任东南大学、光华大学、清华大学、中央大学、浙江大学等校教授。中华人民共和国成立后，任华东师范大学首任校长。

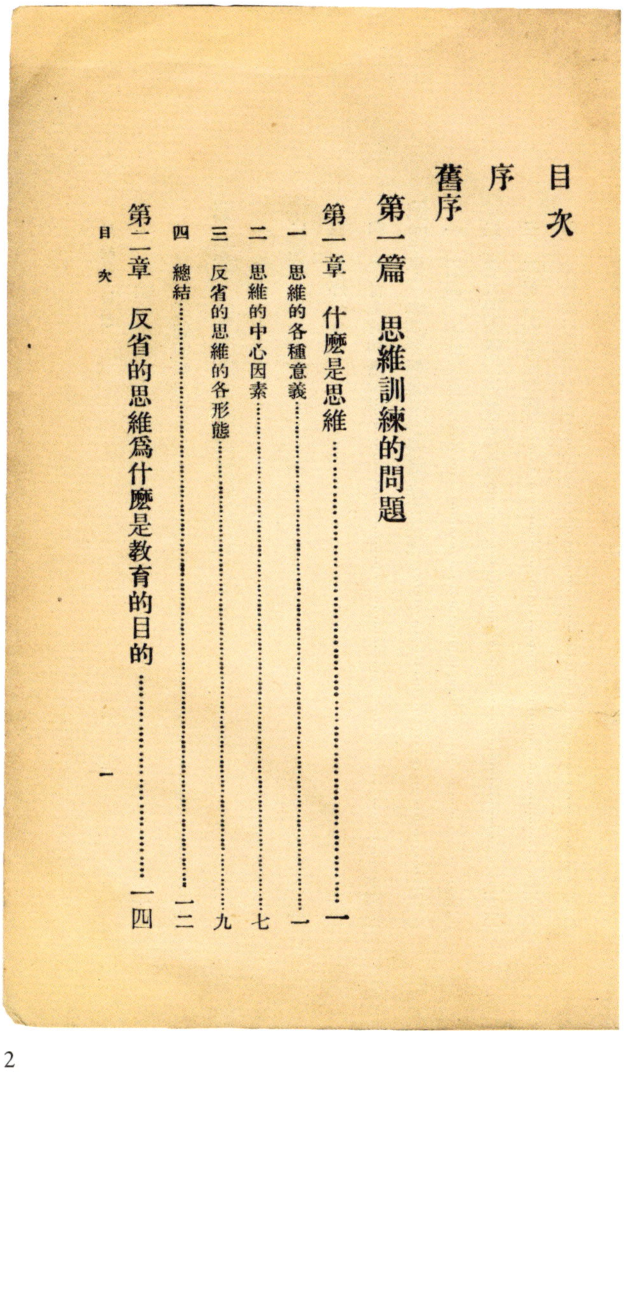

目次

序

舊序

2

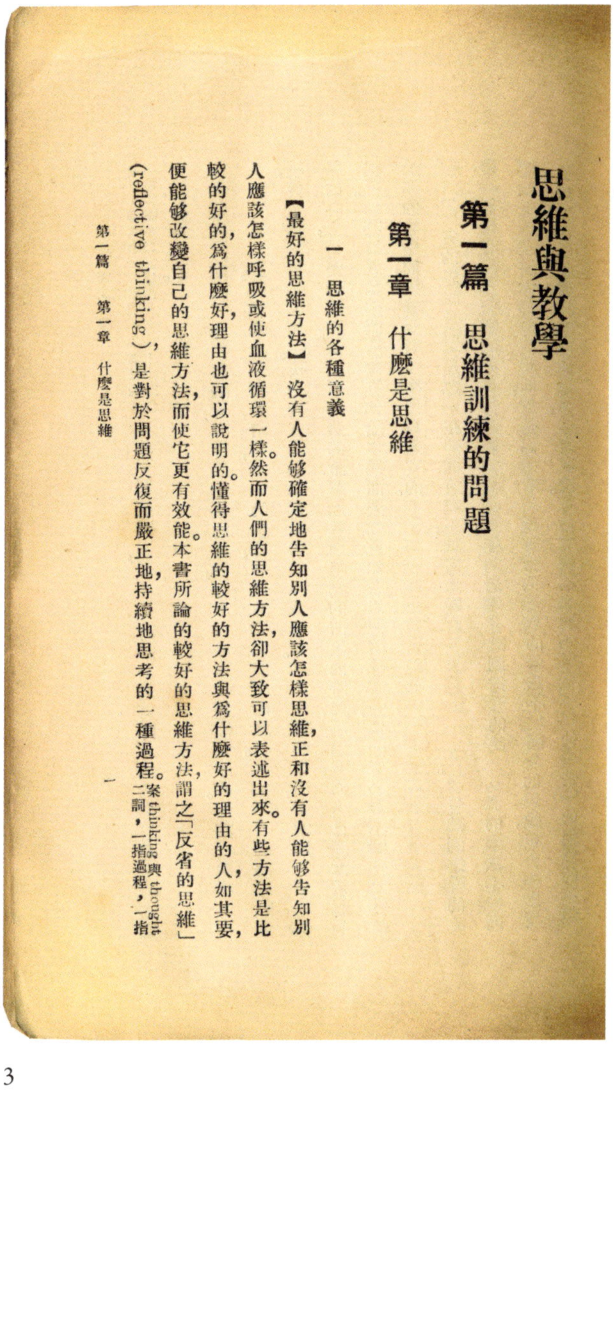

思維與教學

第一篇　思維訓練的問題

第一章　什麼是思維

一　思維的各種意義

【最好的思維方法】沒有人能够確定地告知別人應該怎樣思維，正和沒有人能够告知別人應該怎樣呼吸或使血液循環一樣。然而人們的思維方法，卻大致可以表述出來。有些方法是比較的好的，爲什麼好，理由也可以說明的。懂得思維的較好的方法與爲什麼好的理由的人，如其要，便能够改變自己的思維方法而使它更有效能。本書所論的較好的思維方法，謂之「反省的思維」(reflective thinking)，是對於問題反復而嚴正地持續地思考的一種過程。案thinking與thought二詞，一指過程，一指

3

2. 目次
3. 正文首页

2

俞庆棠编著《民众教育》

长18.5厘米，宽13厘米
本馆旧藏

全一册，1935年正中书局出版。此书被列入“教育部审定师范学校”用书。分为《绪论》《民众教育与成人学习》《民众教育与社会经济》《中国民众教育之演进》《外国成人教育的概要》《民众教育与教育制度》《民众学校》《民众教育馆》《民众教育的实验事业》《民众教育之目的与方法》，共十个章节，是体现俞庆棠民众教育思想的代表性著作。

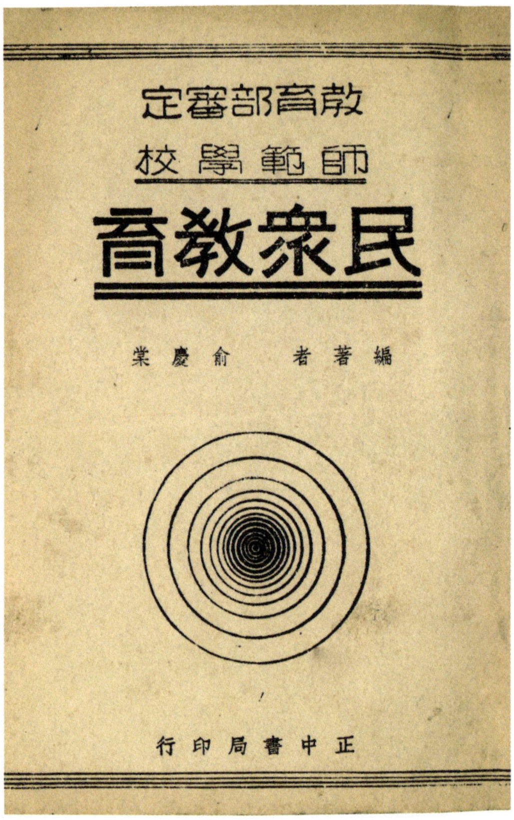

1

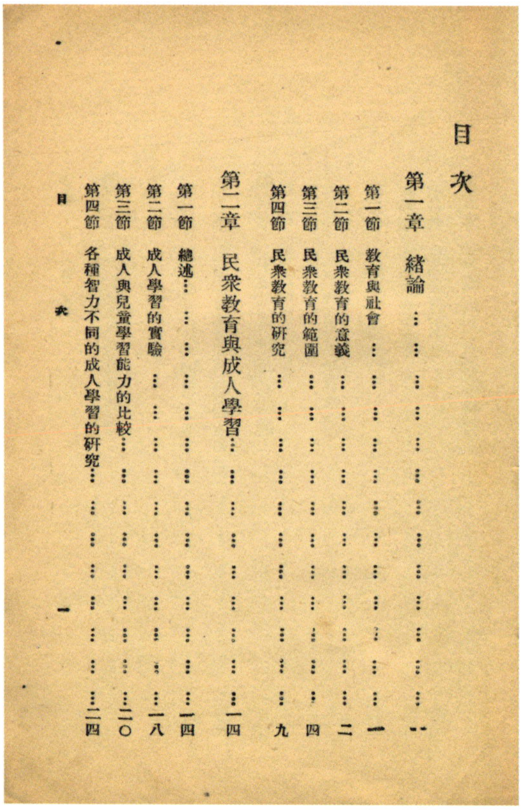

目次

目次 一

2

1. 封面
2. 目次首页

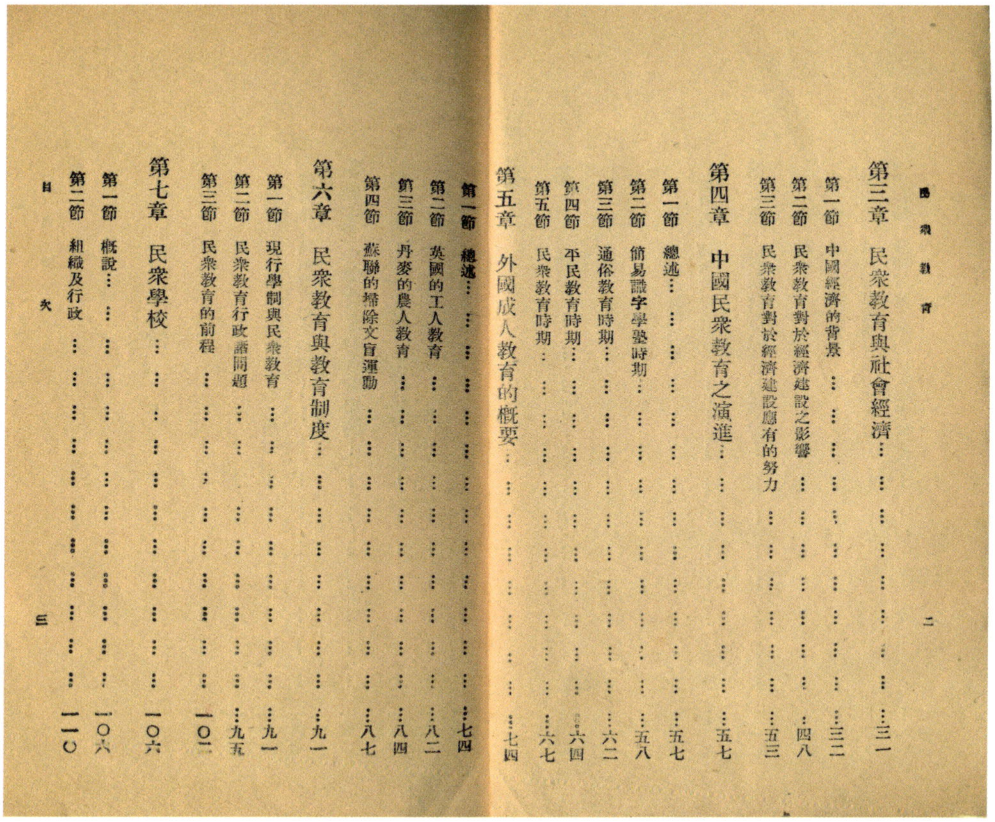

民衆教育　二

目次　三

3

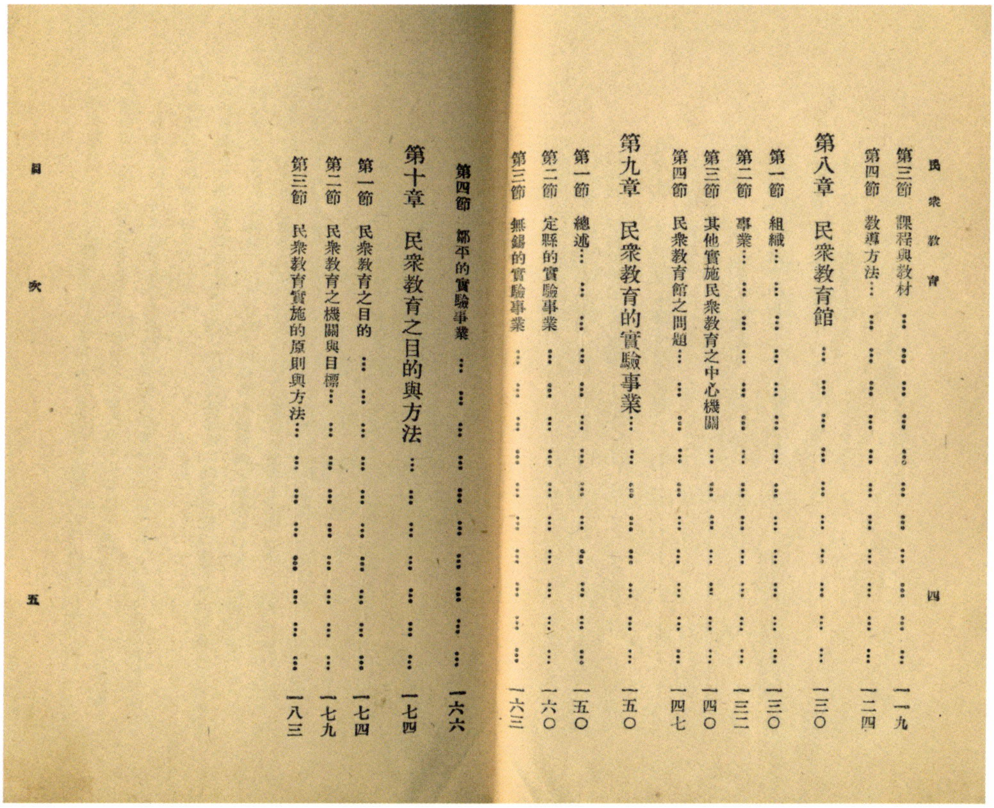

民衆教育　四

目次　五

4

3. 目次页三
4. 目次页五

书　画

收录太仓博物馆馆藏俞庆棠相关书画 10 种，均为俞庆棠的友朋、同事、学生于 1986 年为纪念先生而创作并捐赠，内容多对先生献身教育事业的无私情怀和爱国为民的高尚品质给予高度评价，对其英年早逝表达惋惜与缅怀。

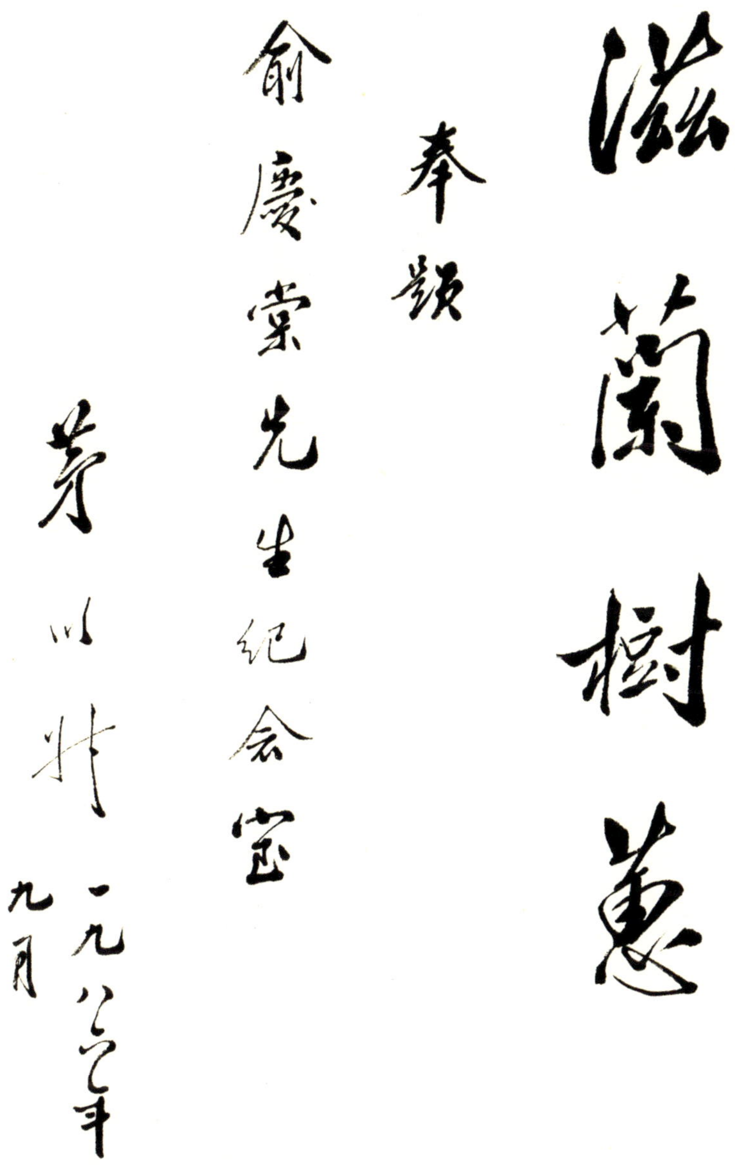
滋蘭樹蕙
奉題
俞慶棠先生纪念室
茅以升
一九八六年
九月

1

茅以升行书题辞

纵31厘米，横22厘米
1986年茅以升捐赠

释文：滋兰树蕙，奉题俞庆棠先生纪念室。茅以升。一九八六年九月。

茅以升（1896—1989），字唐臣，江苏镇江人。著名土木工程学家、桥梁专家，曾主持修建了中国人自己设计并建造的第一座现代化大型桥梁——钱塘江大桥，成为中国铁路桥梁史上的一座里程碑。中华人民共和国成立后，又参与设计了武汉长江大桥。曾任中国科学院院士，中国铁道科学研究院院长，中国科协名誉主席，九三学社中央名誉主席等职。

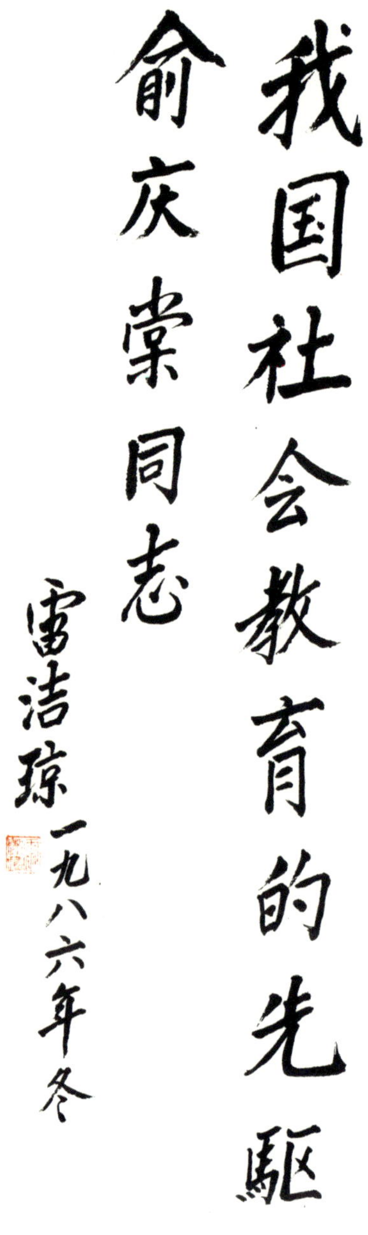
我国社会教育的先驅
俞庆棠同志
雷洁琼
一九八六年冬

2

雷洁琼楷书题辞

纵65厘米，横21厘米
1986年雷洁琼捐赠

释文：我国社会教育的先驱俞庆棠同志。雷洁琼，一九八六年冬。
钤印："雷洁琼"（朱文）。

雷洁琼（1905—2011），女，广东广州人，著名社会学家、法学家、教育家、社会活动家，中国民主促进会的创始人之一，曾任全国政协副主席，全国人大常委会副委员长等职。

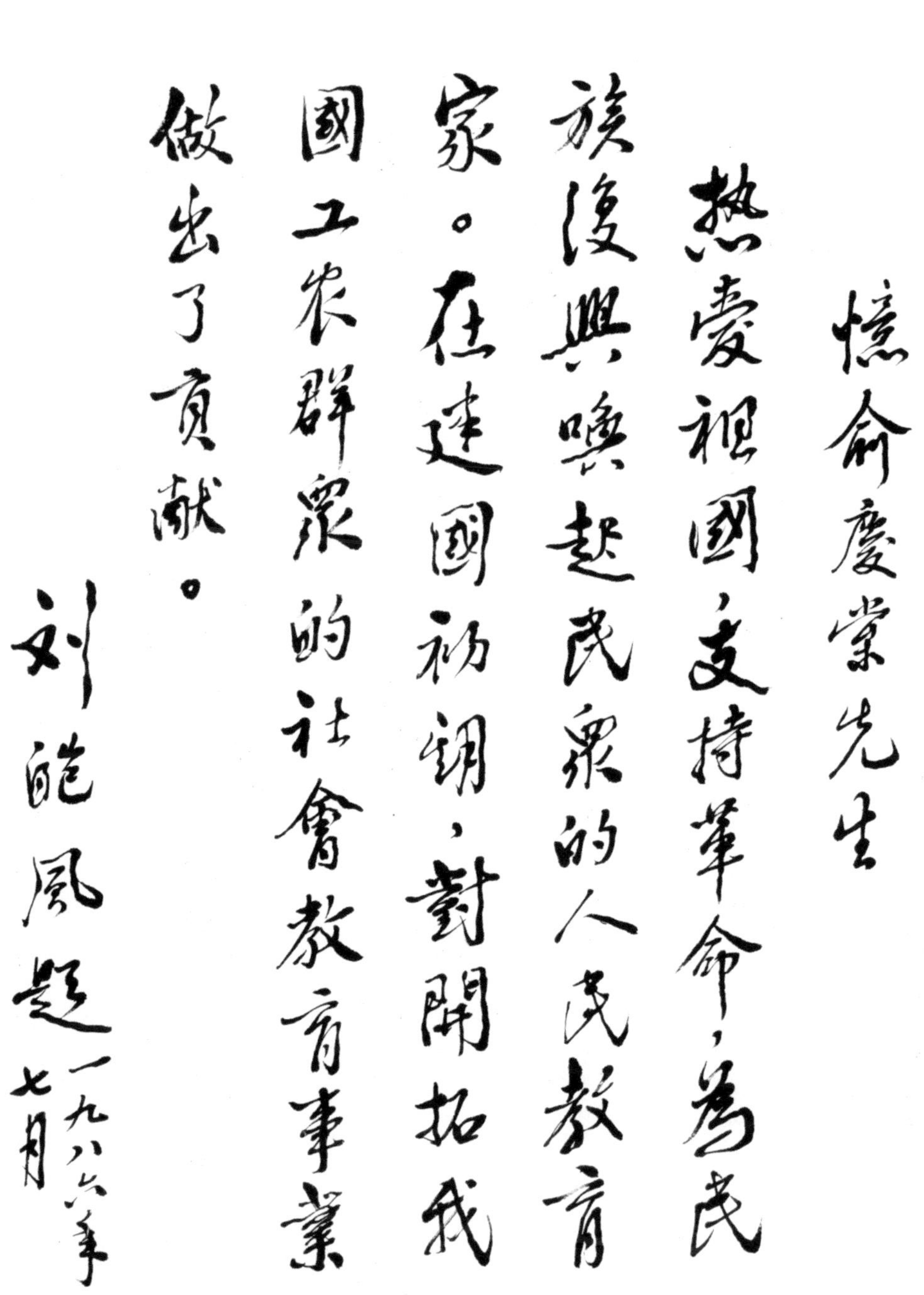

3

刘皑风行书题辞

纵41厘米，横32.5厘米
1986年刘皑风捐赠

释文：忆俞庆棠先生：热爱祖国，支持革命，为民族复兴唤起民众的人民教育家。在建国初期，对开拓我国工农群众的社会教育事业做出了贡献。刘皑风题。一九八六年七月。

刘皑风（1908—2002），河北任丘人。1938年参加革命工作，1946年加入中国共产党。中华人民共和国成立后，历任教育部办公厅主任、高教部副部长、教育部副部长等职。

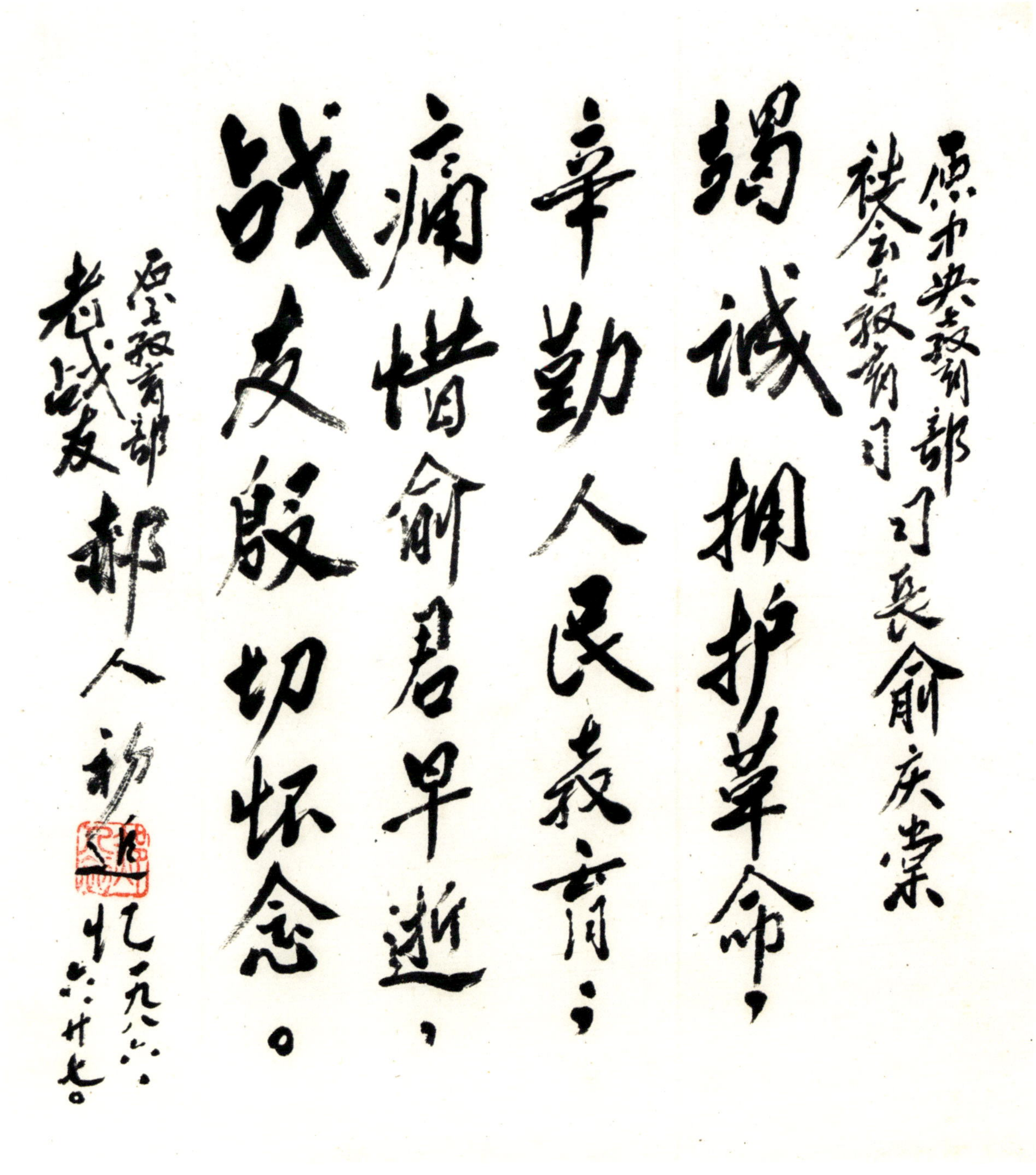

4

郝人初行书题辞

纵46厘米，横42厘米
1986年郝人初捐赠

释文：原中央教育部社会教育司司长俞庆棠：竭诚拥护革命，辛勤人民教育；痛惜俞君早逝，战友殷切怀念。原教育部老战友郝人初追忆。一九八六·六·廿七。
钤印："郝人初"（朱文）。

郝人初（1908—1999），山西汾阳人，早年参加革命。中华人民共和国成立后，曾任教育部办公厅副主任兼人事司司长等职。

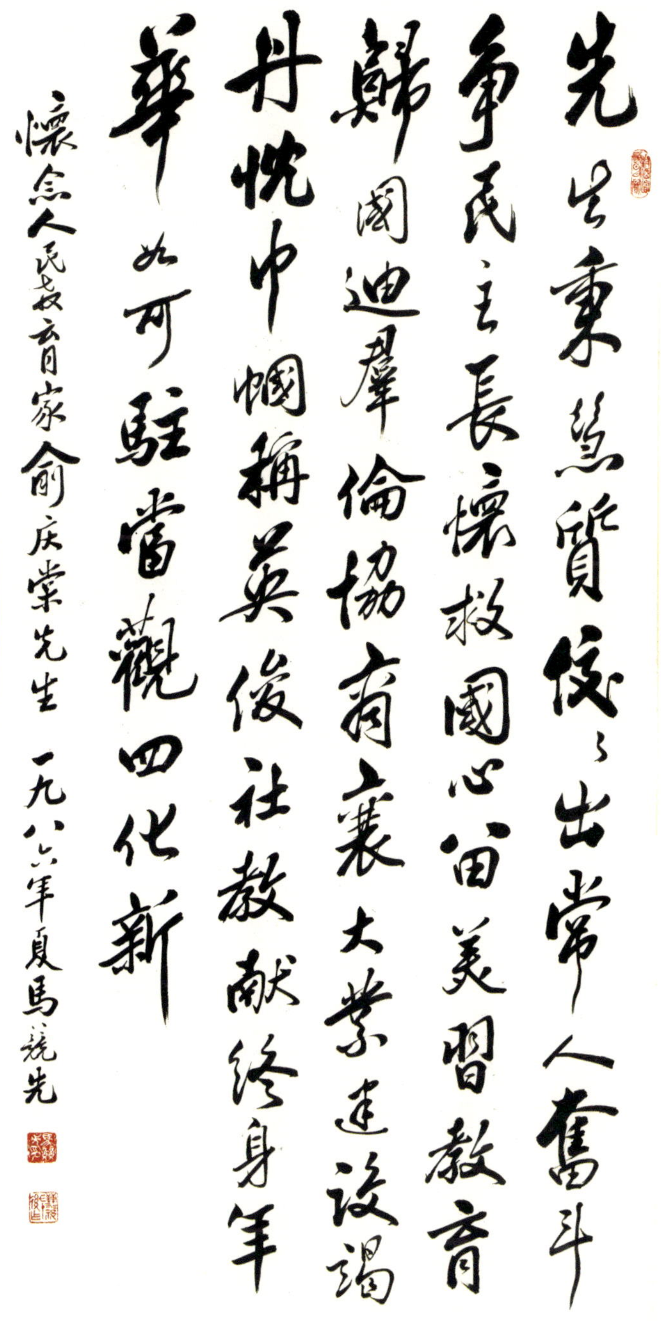

5

马竞先行书题辞

纵130厘米，横66厘米
1986年马竞先捐赠

释文：
先生秉慧质，佼佼出常人。
奋斗争民主，长怀救国心。
留美习教育，归国迪群伦。
协商襄大业，建设竭丹忱。
巾帼称英俊，社教献终身。
年华如可驻，当观四化新。
怀念人民教育家俞庆棠先生。一九八六年夏，马竞先。
钤印：“对酒当歌日月新”（朱文），“马竞先印”（白文），“雪祁七十后作”（朱文）。

马竞先（1911—1997），笔名雪祁，河北霸州人。早年参加革命，中华人民共和国成立后，在教育部任职多年，后任西北师范学院副院长等职。

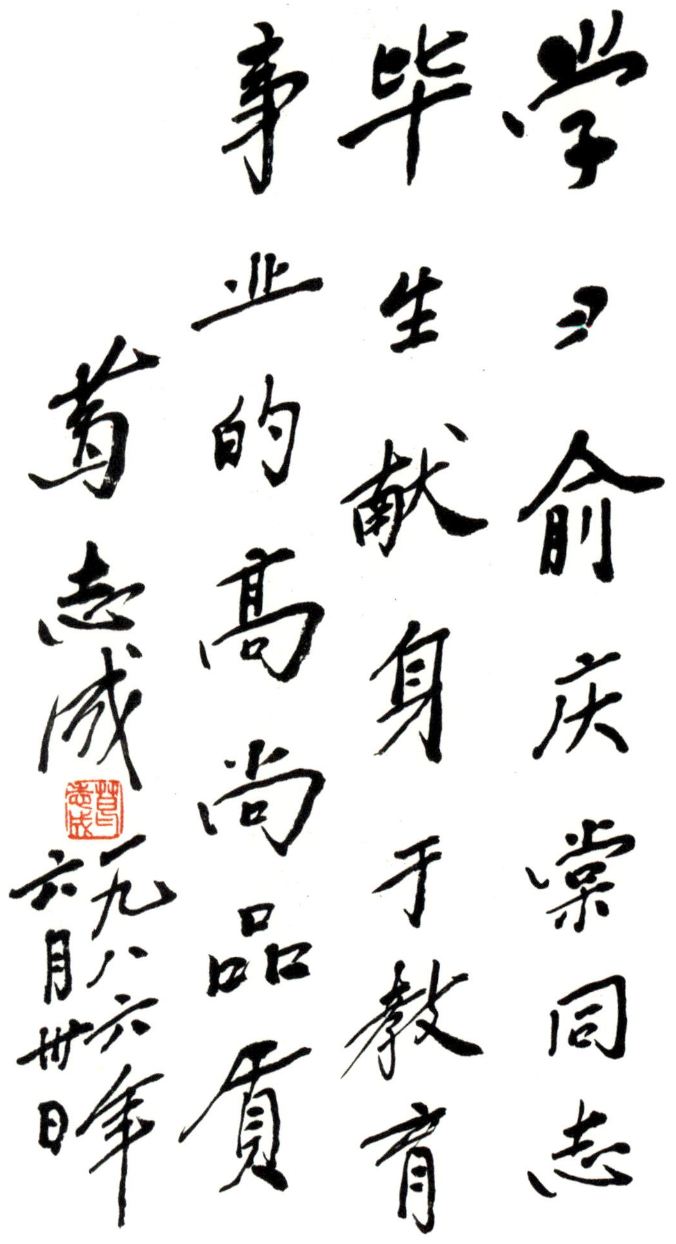
学习俞庆棠同志
毕生献身于教育
事业的高尚品质
葛志成
一九八六年
六月卅日

6

葛志成行书题辞

纵31.5厘米，横19.5厘米
1986年葛志成捐赠

释文：学习俞庆棠同志毕生献身于教育事业的高尚品质。葛志成。一九八六年六月卅日。
钤印：“葛志成”（朱文）。

葛志成（1920—1995），江苏无锡人。1946年加入中国民主促进会。中华人民共和国成立后，历任教育部、高等教育部办公厅副主任，民进中央常委、秘书长、副主席，全国政协常委等职。

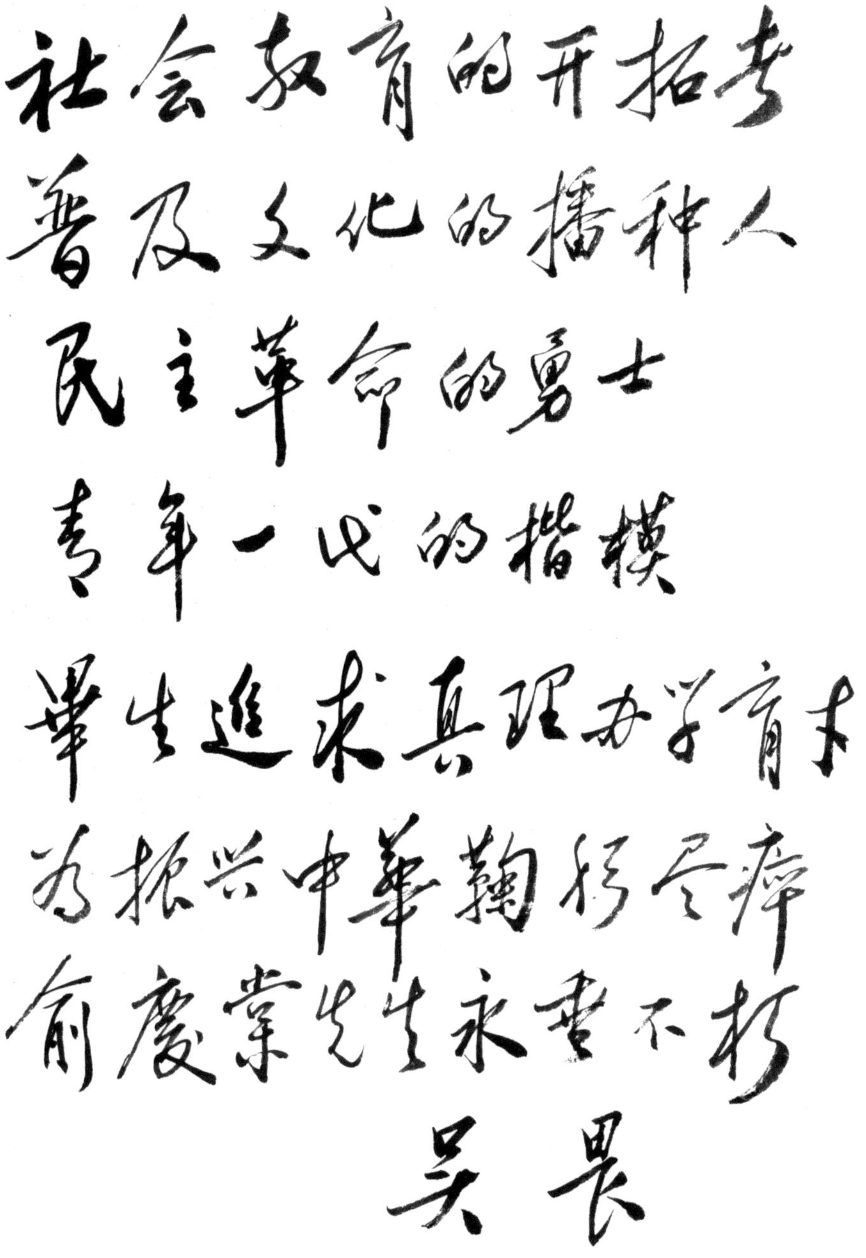

7

吴畏行书题辞

纵68厘米，横44厘米

1986年吴畏捐赠

释文：社会教育的开拓者，普及文化的播种人，民主革命的勇士，青年一代的楷模，毕生追求真理办学育才，为振兴中华鞠躬尽瘁，俞庆棠先生永垂不朽。吴畏。

吴畏（1928— ），中华人民共和国成立后在教育部政策研究室工作，后任中央教育科学研究所所长，中国教育学会副会长等职。

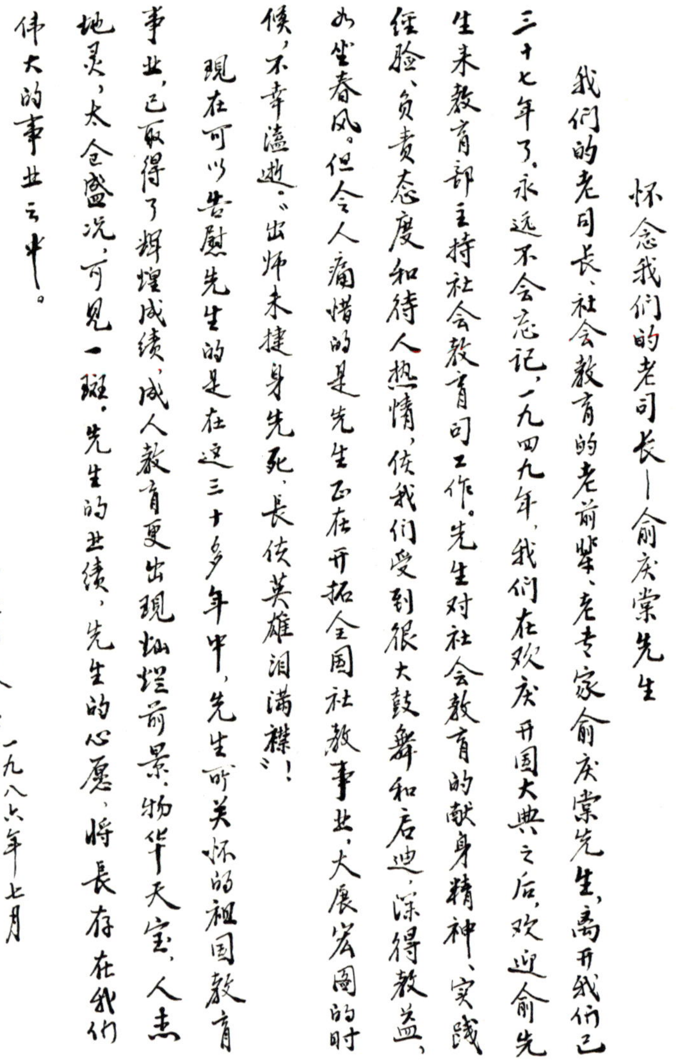

8

皇甫束玉行书题辞

纵45厘米，横32.5厘米

1986年皇甫束玉捐赠

释文：

怀念我们的老司长——俞庆棠先生

我们的老司长、社会教育的老前辈、老专家俞庆棠先生，离开我们已三十七年了。永远不会忘记，一九四九年，我们在欢庆开国大典之后，欢迎俞先生来教育部主持社会教育司工作。先生对社会教育的献身精神、实践经验、负责态度和待人热情，使我们受到很大鼓舞和启迪，深得教益，如坐春风。但令人痛惜的是，先生正在开拓全国社教事业，大展宏图的时候，不幸溘逝。“出师未捷身先死，长使英雄泪满襟！”

现在可以告慰先生的是，在这三十多年中，先生所关怀的祖国教育事业，已取得了辉煌成绩，成人教育更出现灿烂前景。物华天宝，人杰地灵，太仓盛况，可见一斑。先生的业绩，先生的心愿，将长存在我们伟大的事业之中。

皇甫束玉。一九八六年七月。

皇甫束玉（1918—2015），山西左权人。1937年参加革命。中华人民共和国成立后，历任教育部社会教育司处长、办公厅副主任、研究室主任，高等教育出版社党委书记兼副社长等职。

郭沫若同志生前为悼念俞庆棠先生逝世题辞

俞庆棠先生致力社会教育，垂三十年，手创江苏教育学院、上海实验民众学校事业。一九四九年参加中国人民政治协商会议。中央人民政府成立后，任教育部社会教育司司长。不幸任职月余，突患脑出血症逝世。先生富有事业精神与为人民服务之热忱，足为楷模。

江苏省立教育学院校友会谨录

9

江苏省立教育学院校友会录郭沫若悼念俞庆棠题辞

纵40.7厘米，横50.4厘米

1986年江苏省立教育学院校友会捐赠

释文：郭沫若同志生前为悼念俞庆棠先生逝世题辞：俞庆棠先生致力社会教育，垂三十年，手创江苏教育学院、上海实验民众学校事业。一九四九年参加中国人民政治协商会议。中央人民政府成立后，任教育部社会教育司司长。不幸任职月余，突患脑出血症逝世。先生富有事业精神与为人民服务之热忱，足为楷模。江苏省立教育学院校友会谨录。

郭沫若（1892—1978），字鼎堂，号尚武，四川乐山人，著名文学家、历史学家。中华人民共和国成立后曾任政务院副总理、中国科学院院长、中国文联主席等职。

江苏省立教育学院，原为江苏大学区民众教育学校，1928年在苏州创办，俞庆棠任校长。后迁址无锡，1930年与中央大学区区立劳农学院合并，成立江苏省立教育学院。中华人民共和国成立后，并入苏南文化教育学院，为苏州大学前身之一。

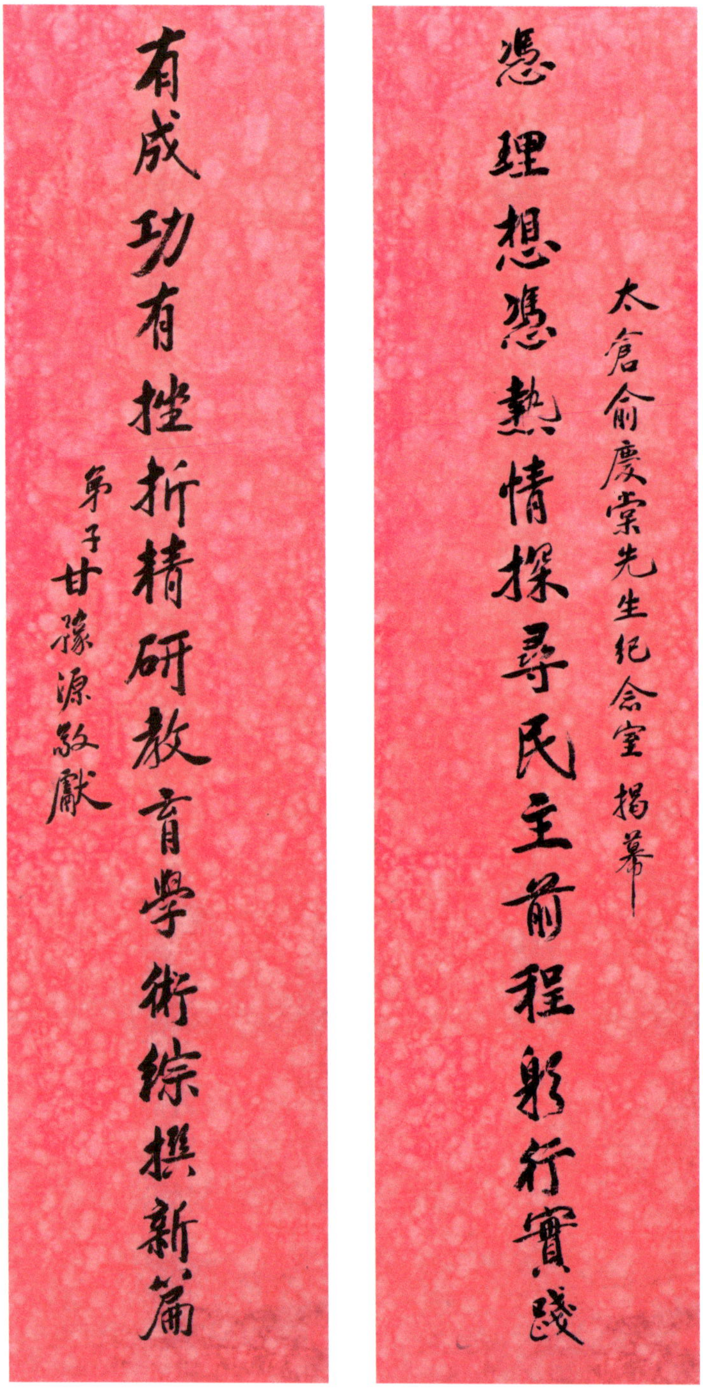

10

甘豫源行书对联

纵128厘米，横33厘米
1986年甘豫源捐赠

释文：太仓俞庆棠先生纪念室揭幕：凭理想凭热情探寻民主前程躬行实践，有成功有挫折精研教育学术综撰新篇。弟子甘豫源敬献。

甘豫源（1903—1999），号导伯，上海人。早年毕业于东南大学教育系，经俞庆棠等人推荐，先后在江苏省教育厅、教育部社会教育司讲授民众教育课程。中华人民共和国成立后，历任上海市沪西群众文化馆馆长、上海市普陀区财贸中学校长等职。

附录

唐文治生平大事记

1865年1岁	12月3日，生于江苏省太仓直隶州镇洋县岳王市（今属江苏省太仓市沙溪镇岳王社区）陆氏静观堂。
1870年6岁	启蒙于外叔祖门下，先识字，后读《孝经》。
1879年15岁	发奋读书，每至半夜。冬，参加太仓州试，中秀才。
1881年17岁	春，受业于太仓理学家王祖畲，潜心研读性理之学及古文辞。
1882年18岁	8月，赴南京参加省试，中举人。
1885年21岁	春，入江阴南菁书院，受业于经学大师黄以周。
1892年28岁	春，进京赴会试，通过殿试、朝考，成为新科进士，签分户部江西司。
1894年30岁	甲午战争，中国战败。向清廷上书《请挽大局以维国运折》（即《万言疏稿》），针砭时弊，呼吁改革图强。
1895年31岁	8月，任户部云南司帮主稿。
1896年32岁	8月，考取总理各国事务衙门章京第二名。
1897年33岁	户部设则例馆，奉派为纂修官。
1898年34岁	3月，长子庆诒生。7月，调任总理各国事务衙门章京。
1899年35岁	每两日赴户部，两日赴总署办公。值夜班常至天明，又以暇时学习俄文，视力由是大伤。
1900年36岁	7月，奉派署云南司正主稿，又奉派在内廷译密电，间日住班。9月，受庆亲王奕劻之命，随同办理条约文件。越数日，又受户部尚书敬信所派，为留京办事随员，整理一切。
1901年37岁	8-10月，随户部侍郎那桐出使日本。冬，总理衙门改为外务部，任外务部榷算司主事。
1902年38岁	4月，随镇国将军载振赴英国参加爱德华七世加冕礼。后又随访法、比、美、日等国。对欧美各国的政治、经济、文化、教育等情况进行了广泛考察。
1903年39岁	9月，清政府设立商部，从外务部转到商部，先后任右丞、左丞、左侍郎。在职期间，制定商律，议设商会，扶植和保护民族工商业。
1904年40岁	1月、6月，受慈禧太后召见。
1905年41岁	9月，奉旨署理商部左侍郎。
1906年42岁	11月，商部改为农工商部，任署理尚书。
1907年43岁	2月，母亲病逝。4月，回太仓居丧，自此离开政坛。10月，任邮传部上海高等实业学堂监督（校长）。
1908年44岁	停办商科，创设铁路、电机两个工程专科。铁路专科是中国近代高等学校工程专科教育的发端。
1911年47岁	创设邮传部高等商船学堂，仍由邮传部上海高等实业学堂管理，兼任学堂监督，中国近代史上第一个高等航海学府诞生。
1912年48岁	上海高等实业学堂改名为“交通部上海工业专门学校”。
1913年49岁	夏，于校内建造电机试验厂。
1914年50岁	组织六所高校体育联合会，定期举行运动会。

1915 年 51 岁	春，实行强迫运动，聘美国马立森（莫礼逊）博士专事训练，要求在校学生必须报名参加球类、拳术等其中一项运动。新辟网球场、田径场。
1916 年 52 岁	请黄炎培、梁启超、蔡元培来校演讲。
1917 年 53 岁	请章太炎、吴稚晖来校演讲。获民国政府二等嘉禾章。
1918 年 54 岁	筹建学校图书馆。
1919 年 55 岁	五四运动爆发，学生罢课、游行。多次电请当局体谅学生爱国热忱，勿加苛责，但也深忧学运造成教学不靖，自是开始长达一年多的辞职与留任的拉锯。
1920 年 56 岁	11 月，因眼疾、父病、学潮诸原因，向交通部提出辞呈，随即回无锡休养。不久，受邀任无锡国学专修馆馆长。年末，交通部决定将上海工业专门学校等四校组并为“交通大学”。
1921 年 57 岁	2 月，无锡国学专修馆开馆。
1924 年 60 岁	1 月，举行无锡国学专修馆第一届学生毕业典礼，向与会者报告三年来之经过，并向学生颁发毕业文凭。
1927 年 63 岁	年初，无锡国学专修馆改名为“无锡国文大学”，7 月，又改名为“无锡国学专门学院”，呈请省教育厅备案。
1929 年 65 岁	10 月，无锡国专图书馆落成。
1930 年 66 岁	1 月，奉教育部令，无锡国学专门学院改名为“私立无锡国学专修学校”。
1934 年 70 岁	春，唐门弟子集资在无锡太湖畔筹建“茹经纪念堂”。
1936 年 72 岁	1 月，“茹经纪念堂”落成。
1937 年 73 岁	抗日战争爆发，11 月，率国专师生西迁湖南。
1938 年 74 岁	2 月，率国专师生转迁桂林。因患病，于 6 月底回上海休养。
1939 年 75 岁	在上海创办无锡国专沪校。
1941 年 77 岁	9月，上海交通大学为避免被日伪接管，改名为“私立南洋大学”，被聘为董事。
1942 年 78 岁	8 月，日伪强行接管交大，严词拒绝出任伪交大董事长。
1943 年 79 岁	5 月，国专沪校复名“国学专修馆”，以抵制日伪“管理”。
1946 年 82 岁	因抗日战争已胜利，内迁桂林的无锡国专迁回无锡复校；上海分校继续开办。
1947 年 83 岁	1 月，参加交通大学“新文治堂”奠基仪式。
1949 年 85 岁	7 月，无锡国专改名为“无锡中国文学院”，仍任院长。
1950 年 86 岁	5 月，无锡中国文学院并入苏南文化教育学院，任名誉教授。
1952 年 88 岁	院系调整，苏南文化教育学院并入江苏师范学院。
1954 年 90 岁	4 月 9 日，病逝于上海。5 月 4 日，安葬于上海江湾第一公墓。

参考文献：

1. 余子侠著《工科先驱 国学大师——南洋大学校长唐文治》，山东教育出版社，2004 年。

2. 刘桂秋编著《唐文治年谱长编》，上海交通大学出版社，2020 年。

俞庆棠生平大事记

1897 年 1 岁	生于上海，籍贯江苏太仓。
1912 年 15 岁	辛亥革命时期，参加上海女界协赞会。
1914 年 17 岁	毕业于上海务本女塾。
1915—1916 年 18—19 岁	任上海万竹小学教师。
1916—1919 年 19—22 岁	就读于中西女塾、圣玛利亚书院。参加上海学生演说比赛，获第三名。参加五四运动，任圣玛利亚书院学生会主席，组织同学参加游行、演讲、募捐，并开办平民夜校。任上海学生联合会代表，出席全国学联会。
1919—1921 年 22—24 岁	赴美国留学，先后就读特拉华女子大学、哥伦比亚大学。受业于美国著名教育家杜威、克伯屈。后与孟宪承合译杜威著《思维与教学》、克伯屈著《教育方法原论》，先后在商务印书馆出版。
1922 年 25 岁	毕业于哥伦比亚大学师范学院，获学士学位。归国后，与唐庆诒教授结婚，定居无锡。
1923—1926 年 26—29 岁	先后任私立无锡中学、江苏省立第二师范学校教师、上海大厦大学教授。1925 年，参加“五卅”惨案上海学生后援会。
1927—1928 年 30—31 岁	先后担任江苏省教育厅社会教育科科长、第四中山大学（即中央大学）教授及行政区扩充教育处处长。规划江苏全省社会教育事业，创办江苏各县民众学校、民众教育馆、农民教育馆、图书馆、公共体育场等数百处，常莅临指导、视察。在苏州创办第四中山大学区（后改中央大学区）民众教育学校，兼任校长。
1928—1931 年 31—34 岁	民众教育学校改名为中央大学区民众教育院，迁址无锡。旋改名为江苏省立民众教育院、江苏省立教育学院。1930 年辞院长职务，专任教授兼研究实验部主任。创办黄巷民众教育实验区等八个实验单位。主编《教育与民众月刊》。
1932 年 35 岁	倡议成立中国社会教育社，任常务理事兼总干事。该社先后在杭州、济南、开封、广州举行年会。
1933 年 36 岁	赴欧洲考察丹、荷、英、德、法、奥、意等国成人教育与合作事业。
1934 年 37 岁	任中华职业教育社理事。主持中国教育社在河南开封举行的年会，创办洛阳民众教育实验区。参加农村经济研究会。
1935 年 38 岁	主持中国教育社在广州举行的年会，创办花县民众教育实验区；参加农村经济研究会，主编《申报·农村生活丛谈》专栏；5 月，正中书局出版《民众教育》（供师范学校用）。“一二·九”运动时，声援上海学生赴南京请愿。
1936 年 39 岁	参加文化界抗日救国会。10 月，在无锡参加鲁迅先生追悼会筹备工作。11 月 11 日，参加追悼大会。
1937 年 40 岁	“八一三”事变后，偕同江苏省立教育学院师生迁校至广西桂林。遣子女经香港回上海，只身赴汉口，投入抗日救国教育事业。
1938—1939 年 41—42 岁	先后参加庐山妇女谈话会、全国战时教育协会。在武汉任全国战时教育协会研究实验委员会委员，从事难童保育与妇女救济工作。并任妇女指导委员会生产事业组组长，在四川创办淞溉纺织实验区、乐山蚕丝实验区。

1940—1945 年 43—48 岁	任东吴、沪江、震旦女子文理学院等大学教授，中华基督教女青年会全国协会编辑干事，编辑《农村妇女读本》《农村妇女基础读本》。
1945—1946 年 48—49 岁	抗战胜利后，任上海市教育局社会教育处处长，整顿图书馆、博物馆、民众教育馆及公共体育场等机构，创办上海市立实验民众学校，兼任校长。先后开办市立民众学校 50 余所（后发展到 108 所）。
1946—1947 年 49—50 岁	担任上海新纱第二、五厂福利科科长，兼两厂工人夜校及子弟学校校长，并任上海申新九厂、统益纱厂工人夜校顾问。主编《民众教育丛书》，由中华书局出版。
1947—1949 年 50—52 岁	辞去上海市教育局社会教育处处长职务，专任上海市立实验民众学校校长。任联合国教科文组织中国委员会委员、全国成人教育协会理事、联合国远东基本教育会议中国代表团顾问委员会顾问。1948 年，赴美国考察第二次世界大战后难童教育与成人补习教育。 1949 年 5 月得祖国来函，欣然冒险绕道沈阳抵京。被选为全国教育工作者代表出席中国人民政治协商会议。任中央人民政府教育部社会教育司司长。12 月 4 日，在教育部宿舍突患脑溢血逝世。

参考文献：

1. 熊贤君著《俞庆棠教育思想研究》，辽宁教育出版社，1997 年。
2. 唐孝纯著《人民教育家俞庆棠》，《江苏文史资料》编辑部，1998 年。

图书在版编目（CIP）数据

护育桃李 两代赤诚 ：太仓博物馆藏唐文治俞庆棠文物集 / 太仓博物馆编. -- 上海 ：上海书画出版社，2023.9
ISBN 978-7-5479-3189-9

Ⅰ. ①护… Ⅱ. ①太… Ⅲ. ①唐文治（1865-1954）－历史文物－图集②俞庆棠（1897-1949）－历史文物－图集 Ⅳ. ①K825.46

中国国家版本馆CIP数据核字(2023)第160066号

护育桃李 两代赤诚：太仓博物馆藏唐文治俞庆棠文物集

太仓博物馆 编

责任编辑 赖 妮
审 读 曹瑞锋
校 对 田程雨
装帧设计 陈绿竞
技术编辑 顾 杰

出版发行 上海世纪出版集团
上海书画出版社
地 址 上海市闵行区号景路159弄A座4楼 201101
网 址 www.shshuhua.com
E-mail shuhua@shshuhua.com
印 刷 上海丽佳制版印刷有限公司
经 销 各地新华书店
开 本 889×1194mm 1/16
印 张 8.5
版 次 2023年9月第1版 2023年9月第1次印刷

书 号 ISBN 978-7-5479-3189-9
定 价 298.00元